Knaur

Von Joe Martin sind bereits erschienen:

1000 Tipps zur Vermögensanlage

zusammen mit Dorina Rechter:
1000 Tipps zum Vermögensaufbau

Über den Autor:

Joe Martin hat viele Jahre Berufserfahrung in der Börsenabteilung eines bedeutenden Geldinstituts gesammelt und später in der Privatkunden- und Anlageberatung gearbeitet. Er ist heute als Vermögensberater tätig und arbeitet eng mit namhaften internationalen Banken und Investmenthäusern zusammen. Als Nachwuchstrainer ist er außerdem regelmäßig für verschiedene große deutsche Geldinstitute aktiv, für die er häufig auch auf Kundenveranstaltungen zur Anlageberatung und zu Strategien im Aktienmarkt auftritt.

Joe Martin

Die faulen Tricks der Börsen-Gurus

Wie Anleger Aktientipps kritisch bewerten und Kursprognosen überprüfen können

Knaur

Besuchen Sie uns im Internet:
www.knaur.de

Originalausgabe

Konzept und Realisation: Livingston Media, Hamburg
Redaktion: Ralph Thoms
Umschlaggestaltung: Werbeagentur ZERO, München
Umschlagabbildung: Zefa, Düsseldorf
Satz: MPM, Wasserburg
Druck und Bindung: Clausen & Bosse, Leck
Printed in Germany
ISBN 3-426-82352-7

2 4 5 3 1

Inhalt

Möchten Sie heute schon die Lottozahlen vom kommenden Samstag kennen?

Was wäre wohl, liebe Leserinnen und Leser, wenn man Ihnen diese Frage stellte? Gibt es jemanden, der gar kein Interesse zeigt? Zumindest ein vorsichtiges Ja darf wohl in jedem Fall erwartet werden. Ist doch der Gedanke an den garantierten Hauptgewinn verlockend. Aber unser gesunder Menschenverstand wird bei solchen Angeboten auch signalisieren: Da muss ein Haken bei der Sache sein.

Folglich werden wir das Versprechen mit den Lottozahlen hinterfragen. Warum sollte uns ein anderer aus purer Menschenfreundlichkeit und ohne Gegenleistung Reichtum schenken? Wo lauert die Falle? Sollen wir für den angeblich richtigen Lottotipp viel Geld bezahlen? Oder steckt die Lottogesellschaft dahinter, die sich vom Versprechen der richtigen Gewinnzahlen besonders viele Tippscheine und höhere Einnahmen verspricht?

Unsere Lebenserfahrung sagt uns: Solchen Angeboten ist aus den verschiedensten Gründen mit Skepsis zu begegnen.

Merkwürdig nur, dass bei vielen der Verstand und all ihre Lebenserfahrung ausgeknipst werden wie eine störende Lampe, wenn es um ähnliche Versprechen und viel höhere Beträge geht. Dann nämlich, wenn uns Anlageexperten und Analysten ihre Tipps für Geldanlagen präsentieren. Natürlich garantieren sie nichts – das würde sie ja auch sofort unglaubwürdig wirken lassen. Aber sie empfehlen und begründen so überzeugend, dass viele am Ende tatsächlich genau das tun, was ihnen vermeintliche oder echte Experten als richtig und den schnellsten Gewinn bringend darstellen.

Anleger folgten den Ratschlägen blind – und verloren Billionen

Wir alle haben gleich zu Beginn dieses Jahrtausends erlebt, wohin diese blinde Gefolgsbereitschaft der Anleger führen kann. Nicht nur beim Zusammenbruch des Neuen Marktes in Deutschland, sondern auch bei der Talfahrt angesehener Konzerne haben Anleger insgesamt Billionen Euro verloren. Über eine Viertelbillion allein innerhalb von eineinhalb Jahren bei der *Deutschen Telekom* und deren Tochter *T-Online.* Ganz egal, was viele Aktien-Experten oder Gurus auch empfahlen – sie lagen bei der New Economy ebenso daneben wie bei Standardwerten, um nur *DaimlerChrysler*, *Siemens* oder deren Chip-Tochter *Infineon* zu nennen.
An Erklärungen für diese bisher nie da gewesene Geldvernichtung, die in ihrer Bedeutung für den privaten Anleger auch alle bisherigen Kurseinbrüche an den Börsen weit in den Schatten stellte, hat es seither nicht gemangelt:

- Die Banken und Fondsgesellschaften waren schnell dabei, alle Schuld allein den Anlegern in die Schuhe zu schieben. Sie wären zu gierig gewesen, zu leichtgläubig, zu unerfahren, hätten in vielen Fällen viel zu viel auf die falsche Karte gesetzt. Fazit: Die Anleger waren selbst schuld.
- Die Analysten rechtfertigten sich in ähnlicher Weise: Die Anleger hätten sich von ihrer Gewinnsucht mit- und in die Verluste hineinreißen lassen, lautete der Vorwurf. Ihre Unerfahrenheit hätte sie verleitet, Analysten-Empfehlungen überzubewerten. Und zugleich hieß es plötzlich, die Analysten würden sich ja gar nicht primär an Privatleute, sondern an institutionelle Anleger wie z. B. Fondsmanager wenden. Fazit: Die Anleger waren selbst schuld.
- Die Anleger waren noch am ehesten bereit zur Selbstkritik. Manchem wurde schlagartig klar, wie leichtgläubig und un-

erfahren er den falschen Propheten der Börsen und des Reichtums gefolgt war. Aber zu Recht beklagten sie ebenso vehement, von den Banken nur unzureichend gewarnt worden zu sein. Die nämlich hätten auch »faule« Firmen an die Börsen gebracht und/oder zu lange wertlose bzw. völlig überteuerte und hoch riskante Anlagen empfohlen – oft aus eigenem Interesse. Fazit: Wir sind betrogen worden oder zumindest doch auf faule Tricks hereingefallen.

Und genau diesen Vorwurf sollten sich die selbstgefälligen Vorstände der Banken und ihre genauso zur Selbstkritik und Einsicht unfähigen Partner aus den Vorstandsetagen der börsennotierten Unternehmen besonders zu Herzen nehmen. Gerade weil es sich nicht – von Ausnahmen abgesehen – um Betrug in strafrechtlicher Hinsicht handelt, ist die entstandene Situation bedenklich. Denn aus der Sicht der Betroffenen ist es oft schlimmer, sich um sein Vertrauen betrogen zu sehen als um materielle Dinge. Genau das Vertrauen aber ist auf der Strecke geblieben.

Banken reden von Aktienkultur – das Sagen aber haben die Banausen

Das zeigte sich insbesondere beim Reigen der Hauptversammlungen, als die Kleinanleger von Frühjahr bis Sommer 2001 nach Erklärungen für das Debakel verlangten und überall Rufe nach Entlastungsverweigerungen für die vermeintlich unfähigen Vorstände der Geldvernichtungs-Unternehmen laut wurden.

Nichts dergleichen geschah, weder bei *VW*, bei der *Deutschen Telekom AG*, bei *Siemens* noch bei *DaimlerChrysler* – und auch woanders nicht. Da konnten Wut und Enttäuschung der Anleger und ihre Argumente gegen die Entlastung der Verantwortlichen in den Firmen noch so groß sein – am Ende wurden die Unternehmenslenker allesamt in ihren Positionen bestätigt. Mit den Stimmen der Banken. Denn wie auch sollte ein Banker, der als Aufsichtsrat den Vorstand zu kontrollieren hat, eben diesem Vorstand die Entlastung verweigern? Das hätte ja Selbstkritik und das Eingeständnis eigenen Unvermögens bedeutet. Eigenschaften, die bei den Vorständen deutscher Geldhäuser vergebens zu suchen sind.

Viele Bankvorstände vergessen, dass die deutsche Aktienkultur noch sehr jung ist. Sie begann genau genommen erst Mitte der 90er-Jahre mit dem Börsengang der *Deutschen Telekom*. Und es waren gerade die Banken, die diese aufkeimende Aktienkultur bejubelten. An Aktien lässt sich eben hervorragend verdienen, am Handel damit ebenso wie an den Börsengängen junger Unternehmen oder der Ausgliederung von Geschäftsbereichen großer Unternehmen in eigenständige Aktiengesellschaften. Aber bei all dem Gerede über die gerade beginnende Aktienkultur und ihre eigenen dadurch rasant steigenden Gewinne haben die Banken etwas vergessen: Dass gerade junge und zarte Pflänzchen besonders viel Schutz und Pflege bedürfen.

Geblendet von ihrer Profitgier haben Banken und Börsen die Pflege der Aktienkultur unterlassen. Dazu hätte einerseits gehört, die oft noch unerfahrenen Anleger auf Risiken aufmerksam zu machen, sie mit den Regeln und Regelmäßigkeiten der Börsen besser vertraut zu machen. Und es hätte den Banken gut angestanden, die Anleger vor allzu windigen und dubiosen Neuemissionen zu bewahren, häufiger zu warnen als zu jubeln. Denn wer sich – wie es unisono alle Banken und auch die Fondsgesellschaften getan haben – beständig auf die neue Aktienkultur beruft, darf nicht einige raffgierige Banausen in kurzer Zeit alles zerschlagen lassen, was Kleinanlegern gerade erst Mut gemacht hatte, sich mit besseren als den ihnen vertrauten Festgeld- oder Sparanlagen am Geldmarkt zu engagieren.

Ist die Badehose schuld, wenn das Kind nicht schwimmen kann?

Was tatsächlich an den Aktienbörsen passiert ist, warum es zum großen Debakel und den horrenden Verlusten vor allem für unerfahrene Anleger gekommen ist, lässt sich vielleicht am besten mit einem bildhaften Vergleich darstellen.

Es gab Millionen von Kleinanlegern, die sich immer mit mageren Renditen für ihre Ersparnisse begnügt hatten – wie Fahrradfahrer, die sich mühsam und langsam jeden einzelnen Kilometer zum Ziel erstrampeln müssen. Und nun wurde all diesen Fahrradfahrern plötzlich weisgemacht, sie könnten ihr Ziel doch viel schneller mit einem Formel-1-Boliden erreichen. Als sei der Umstieg vom Fahrrad auf den Rennwagen als fliegender Wechsel möglich, ohne jede Fahrerfahrung auf einem Formel-1-Kurs, ohne die uns aus dem Motorsport bekannten Risiken.

Auf die Möglichkeit eines Börsencrashs wurden die Anleger kaum hingewiesen. Weder von den Banken noch von den Analysten – im Gegenteil. Durch immer neue und immer höhere Kursziele heizten sie die Stimmung noch an.

Nun ist es aber nicht damit getan, in lautes Gejammer auszubrechen und mal in diese, mal in jene Richtung Schuldzuweisungen zu treffen. Das ist auch bereits zur Genüge getan worden. Und oft hatte man am Ende den Eindruck, die Badehose müsse letztlich schuld daran sein, wenn ein Kind nicht schwimmen kann. Deshalb soll dieses Buch nicht eine der vielen Abrechnungen sein, in denen die Fehler der Anleger ebenso wie manch übles Versäumnis der Banken, Börsen und anderer Beteiligter am großen Crash aufgelistet werden. Ziel ist vielmehr, Anleger hinter die Kulissen des Börsengeschäfts blicken zu lassen und zu analysieren, welche Lehren und Schlussfolgerungen aus den Ereignissen der Vergangenheit zu ziehen sind – und wie man sich künftig davor schützen kann.

Dazu gehört auch, bei den Gurus die seriösen von den unseriösen unterscheiden zu lernen und zu durchschauen, wer aus Eigeninteresse und wer aus ehrlicher Überzeugung welche Tipps gibt. Denn der Begriff Guru drückt nicht von vornherein Unseriosität aus. Wir verstehen ihn als Sammelbegriff für jene, die sich an die Rat suchenden Anleger wenden – egal, ob seriös oder nicht.

Eigenes Wissen und gesunde Skepsis als Schutz vor faulen Tricks

Die wichtigste Erfahrung aus den jüngsten Billionen-Verlusten der Anleger kann bereits als gegeben hingestellt werden: Niemand darf sich darauf verlassen, bei seinen aktuellen Geldgeschäften objektive und faire Beratung zu erhalten. Auch der seriöse Guru könnte sich irren – oder unbemerkt das seriöse Lager verlassen haben und sich plötzlich als Nepper, Schlepper oder Bauernfänger betätigen.

Wo es innerhalb kurzer Zeit um so hohe Summen geht wie hier, ist auf Schritt und Tritt mit falschen Versprechungen, Nepp und sogar Betrug zu rechnen. Und zwar immer wieder aufs Neue.

Doch nichts wäre verkehrter, als sich jetzt von all den Anlagemöglichkeiten abzuwenden, die sich an den Börsen bieten. Im Gegenteil. Gerade die aktuelle Diskussion um die unverzichtbare eigene Altersvorsorge macht diesen Bereich noch interessanter. Denn langfristig waren an den Börsen – ungeachtet aller Rückschläge – noch immer die besten Renditen zu erzielen.

Deshalb erwarten Sie in diesem Buch eine Vielzahl von Hinweisen und Anregungen, die Ihnen zum Börsenerfolg verhelfen werden. Damit Sie künftig in der Lage sind, gute von schlechten Tipps zu unterscheiden – und Scharlatane oder falsche Gurus und Propheten zu entlarven.

Joe Martin & Team

Der arglose Anleger – von falschen Propheten in die Falle gelockt

Hinterher sind alle schlauer. Und alle haben schon alles vorher gewusst. Die Gründe dafür liegen auf der Hand.
Zum einen sind da die Anleger, denen die tollen Buchgewinne plötzlich um die Ohren flogen, deren auf Kredit gekaufte Wertpapiere von den Banken als Sicherheit versilbert wurden und die plötzlich statt der Kursgewinne auf Papier vor ganz realen Verlusten und Schulden standen. Sie werden schon aus Selbstschutz immer darauf verweisen, dass sie den Horror der platzenden Kursblasen ja irgendwie erwartet hätten. Nur eben nicht jetzt und nicht so heftig.
Zum anderen sind da diejenigen, die trotz einer traumhaften und langen Aufschwungphase an den Börsen – nicht nur bei den Wachstumswerten – den Aufsprung auf den fahrenden Zug verpasst hatten. Oder die ihn abfahren lassen mussten, weil sie das nötige Kapital für die Fahrkarte nicht aufbringen konnten oder nicht wollten, weil sie die eisernen Regeln für alle Spekulanten strikt beachtet hatten: nur freies und über beliebig lange Zeit verfügbares Kapital für Spekulationen einzusetzen, immer genug Reserven für spätere Handlungsspielräume zu horten und nie auf Kredit zu spekulieren.
Bei denen also, die gar nicht finanziell betroffen sind, zeigt sich nun ein uns allen sehr vertrauter, menschlicher Zug – der der Schadenfreude.

Blitz aus heiterem Himmel – oder vorhersehbare Katastrophe?

Aber es stellt sich doch die Frage: War wirklich vorhersehbar, was uns da ereilte? Oder waren die meisten Anleger den Ereignissen so schutzlos ausgeliefert wie der Wanderer dem Blitz aus heiterem Himmel?

Es war kein plötzlicher Blitz aus wolkenlosem Himmel, der im Jahr 2000 an den Weltbörsen einschlug und danach wie ein Kugelblitz bis weit ins Jahr 2001 eine Schneise der Verwüstung auf den Kurszetteln hinterließ. Jeder hätte das Unwetter sehen können, wenn er gewollt hätte. Aber das war es ja gerade: Diejenigen, die das Börsenwetter auf ihren Radarschirmen am besten verfolgen können, die Profis in den Banken, in den Analyseabteilungen oder auch in den Fondsgesellschaften wollten in den meisten Fällen gar nicht wahrnehmen, was sich da ankündigte.

Präzise Vorhersagen sind nämlich schlecht fürs Geschäft – denkbar schlecht. Das ist überall so, wo man befürchten muss, dass zu viel Ehrlichkeit einem die eigenen Geschäfte verdirbt.

- Darf man wirklich erwarten, vom Inhaber eines Gebrauchtwagenhandels vor dessen eigenen Rostlauben gewarnt zu werden, weil die Preise zu hoch und das Pannenrisiko zu groß sind?
- Darf man ernsthaft annehmen, dass einen der Gemüsehändler auf dem Wochenmarkt davor warnt, einen ganzen Zentner Erdbeeren zu kaufen, weil die schon überreif sind und es deshalb besser wäre, nur geringe Mengen zu erstehen, statt den größten Teil seines Geldes für faules Obst auszugeben?
- Darf man tatsächlich darauf hoffen, dass der Besitzer einer Schießbude auf dem Rummelplatz einem das Luftgewehrschießen deshalb verweigert, weil ihn plötzlich Gewissens-

bisse plagen und er nicht möchte, dass man sein Geld für unsichere Treffer auf wertlose Papierblumen verschleudert?

Niemand wird so ein ehrbares Kaufmannsverhalten in diesen drei Fällen erwarten. Das sagt uns schon unser eigener gesunder Menschenverstand.

Im Vordergrund steht das Geschäft – und nicht die Ehrlichkeit

Die drei genannten Beispiele sind nicht ohne Grund gewählt: In jedem einzelnen Fall ist es nämlich so, dass der Verkäufer ein Risiko kennt, das seinen Kunden vom Geschäft abhalten könnte. Aber er wird sich nicht selbst das Geschäft verderben und somit die Kunden in dieses Risiko hineinlaufen lassen. Jeder weiß dies und ist entsprechend vorsichtig.

Merkwürdig ist nur, dass viele ein gänzlich anderes Verhalten ihrer Geschäftspartner erwarten, wenn es bei dem anstehenden Handel um die Ware Geld geht.

Wenn an einem Handelstag drei Milliarden Euro allein an der Frankfurter Wertpapierbörse umgesetzt werden und nur ein Prozent des Volumens als Gebühren und Provisionen in die Taschen der Finanzbranche fließen, eine Summe von 30 Millionen – muss dann nicht die Versuchung zu tricksen und zu täuschen um ein Vielfaches größer sein als bei den vergleichsweise kleinen Geschäften auf dem Wochenmarkt, an der Schießbude oder beim Gebrauchtwagenhändler?

Kommen wir nochmals auf unser Bild vom unerwarteten Blitzschlag zurück: Das Unheil war absehbar – aber diejenigen, die es hätten absehen können, hatten das geringste Interesse daran, ihr Wissen an die Allgemeinheit weiterzugeben.

Aber hinzu kam noch eine weitere Komponente, die nicht unterschätzt werden darf: Die Hälfte des Jahrzehnts vor dem großen Knall war geprägt durch die Internet-Euphorie. Eine Begeisterung für Neues, wie es sie zwar schon in der Vergangenheit immer wieder gegeben hat und wie sie sich immer wieder auch an den Börsen auswirkte und für Unruhe sorgte. Aber in einer so euphorischen Phase zu trennen zwischen real zu erwartenden Entwicklungen und nur noch auf den Fundamenten der Fantasterei errichteten Wolkenkuckucksheimen ist selbst für gewissenhafte und seriöse, nicht nur auf den eigenen Vorteil bedachte Beobachter sehr schwer. Betrachten wir deshalb das Geschehen zunächst im Überblick, ehe wir auf die Details eingehen.

Der Höhenflug der New Economy: von *Netscape* bis zum ersten Crash in diesem Jahrtausend

Fragt man sich heute, wie und womit der nahezu zehn Jahre dauernde Börsenboom zum Ende des alten Jahrtausends begonnen hat, kommt man an Jim Clark nicht vorbei. Er verdiente Anfang der 90er-Jahre sein erstes Vermögen als Mitinhaber von *Silicon Graphics*, einem Hersteller von Großcomputern. Und eben dieses Geld investierte er in seine Firmen-Neugründung *Netscape*. Wir erinnern uns: Das war das Internet-Programm, das allen überall auf der Welt die neuen Segnungen des weltweiten Netzes erschließen sollte.
Clark hatte den richtigen Riecher. Denn nach und nach begriffen die Millionen Computernutzer auf der Welt, auch die privaten, was plötzlich durch das weltweite Datennetz möglich wurde. Mit dem Run auf das Internet avancierte auch *Netscape* zum unumstrittenen Star an der New Yorker Computerbörse Nasdaq. Dabei hatte das Unternehmen, ebenso wie Clarks weitere Neugründung *Healtheon*, zum Börsenstart

nicht mehr als nur eine fixe Idee vorzuweisen – aber das genügte schon, die Fantasien der Anleger ebenso wie die Kurse zu beflügeln. Da ahnte noch niemand, dass *Netscape* – völlig am Boden zerstört – vier Jahre später von *AOL* geschluckt werden sollte. Und wer konnte schon vorhersehen, dass *Healtheon* als Gesundheitsportal und -netz nie über den Zustand einer bloßen Idee hinauswachsen und weit über 90 Prozent seines Höchstkurses einbüßen sollte.
Es waren die Firmen wie *Netscape*, *AOL* und *Yahoo* oder das Versteigerungsportal *Ebay* und der Buchhändler *Amazon* und ihre Gründer, die plötzlich als Ikonen einer neuen, weltumspannenden Idee galten. Das Internet-Fieber war ausgebrochen. Und praktisch jeder dachte, dass die bisherigen Gesetze der Wirtschaft, des Handels und der Informationstechnologien völlig neu geschrieben werden mussten. Wie hätte man es auch anders sehen sollen, wo das Internet doch tatsächlich alles anders, alles besser, alles schöner, schneller und profitabler zu machen versprach.

Euphorie an den Börsen – nichts Neues

Mit der Begeisterung für das Internet trat genau das ein, was schon in der Vergangenheit immer wieder für steile Höhenflüge und wenig später für ebenso steile Kursstürze an den Börsen der Welt gesorgt hatte. Man denke nur an die nicht minder große Euphorie, die mit den Segnungen des Eisenbahnbaus verbunden war. Oder die Begeisterung für damals völlig neue Produktionsweisen und Management-Grundsätze, die zum Beispiel den Aufschwung von Japan- und anderen Aktien in Fernost auslöste.

Börsen-Höhenflüge und Spekulationszyklen in der Vergangenheit

Motor des Booms	*zeitl. Dauer*	*Anstieg (Mon.)*	*Absturz (Mon.)*	*Kurs-gewinn*	*Kurs-verlust*
Holland-Tulpen	1634–1637	36	10	5900 %	93 %
Mississippi-Aktien	1719–1720	13	13	6200 %	99 %
Dt. Eisenbahn-Aktien	1835–1845	74	30	280 %	71 %
US-Aktien (Autoboom)	1921–1932	95	33	491 %	87 %
Mexiko-Aktien	1978–1981	30	18	785 %	73 %
Hongkong-Aktien	1970–1974	28	20	1200 %	92 %
Taiwan-Aktien	1986–1990	40	12	1168 %	80 %
Japanische Aktien	1965–1992	288	30	3720 %	60 %

Quelle: Livingston-Research

Immer setzte Ernüchterung ein, immer zeigte sich früher oder später, dass die anfangs hoch gesteckten Erwartungen nicht zu erfüllen waren. Und der Abschwung trat meistens dann ein, wenn der Boom längst die Mauern der Börsen überwunden und auch die Allgemeinheit erfasst, sie in den Begeisterungstaumel und die scheinbar leicht und schnell zu erzielenden Spekulationsgewinne gerissen hatte.

So ungewöhnlich war es also nicht, was da im Jahr 2000 an den Börsen geschah – die Gewinnspannen in der Zeit des Booms lagen mit knapp 400 Prozent an der Nasdaq und sogar knapp 900 Prozent am Neuen Markt der Deutschen Börse im Rahmen dessen, was in der Vergangenheit schon typisch für Euphorie-Zyklen war. Ebenso wie die anschließend eintretenden Verluste, die bis Redaktionsschluss dieses Buches an den beiden genannten Märkten eine Größenordnung von 70 bis 90 Prozent erreicht hatten.

Gemeinsamkeiten zwischen Tulpen-Hausse und Internet-Boom

Was mit dem Ausbruch der Internet-Begeisterung begann, lässt sich sehr gut mit einem der am weitesten zurückliegenden Boom-Zyklen vergleichen – es war die holländische Tulpen-Hausse im 17. Jahrhundert. Holland war damals eine mit Kolonien reich gesegnete Weltmacht. Zur Zeit von Rembrandt und Rubens begann der Run auf die Tulpen. Sie waren erst kurze Zeit zuvor aus Vorderasien in die Alte Welt gebracht worden und entwickelten sich schnell zu einem begehrten Luxusgut.
Das Geschäft mit den Tulpen versprach höchste Gewinne in kürzester Zeit. Immer mehr Holländer stiegen in den Handel mit Tulpen ein, bezahlten astronomische Preise für vermeintlich besonders seltene Zwiebeln, die den höchsten Ertrag versprachen. Am Ende war fast jeder Holländer involviert – auch wenn er noch nie zuvor mit Blumen und Gärtnerei zu tun hatte. Und wie bei dem heutigen Handel mit Optionsscheinen wurden schließlich sogar Geschäfte über den Weiterverkauf von Tulpen abgeschlossen, die noch im Pflanzbeet steckten und gar nicht verfügbar waren.
Niemandem aber fiel auf, dass sich die Tulpen-Hausse am Ende nur noch selbst nährte. Längst war es nicht mehr die Nachfrage von Käufern, die die Preise der Zwiebeln in immer neue Höhen trieb. Die Kurse wurden nur noch von der Gier der Spekulanten getrieben. Und selbst denen dämmerte schließlich, dass die Preise (für drei Tulpenzwiebeln war zeitweise ein Haus zu bekommen) sich mittlerweile in einem Bereich jenseits aller wirtschaftlichen Vernunft befanden.
Deshalb fanden sich im Frühjahr 1637 erstmals auf einer Tulpen-Auktion keine Käufer mehr für die hoch gehandelten

Optionen. Plötzlich merkte jeder, dass nicht die echte und beständige Nachfrage des Marktes die Preise bestimmte, sondern sie nur von der Hoffnung auf noch höhere Spekulationsgewinne getrieben wurden. Urplötzlich brach eine Verkaufswelle los. Aber nun wurde allen klar, dass nicht Geschäfte mit der Tulpe als solcher, sondern nur mit ihrem spekulativen Wert zugrunde lagen, und es fanden sich keine Käufer mehr. Aus denselben Gründen platzte auch der Internet-Boom am Ende wie eine Seifenblase. Die Hausse nährt die Hausse, heißt eine der gängigen Börsenregeln. Über fast 400 Jahre hinweg hat sich hierbei nichts geändert. Auch in Zukunft wird die Gefahr bestehen, dass ohne Rücksicht auf wirtschaftliche Vernunft und die Gesetze des Marktes ähnliche Ereignisse stattfinden, aus welchem Anlass auch immer.

Einschränkend sei gesagt, dass sich das Internet selbst ja nicht als Luftblase erwies. Die Einschätzung war völlig richtig, dass hier ein die Welt veränderndes Medium entstanden ist, ein völlig neuer Wirtschaftszweig, der eigene Maßstäbe setzt und bisher Unmögliches möglich macht. Die Chancen, die das Internet bietet, die wurden ganz richtig gesehen.

Die Übertreibung begann an dem Punkt, als nach den anfänglichen und sogar noch gerechtfertigten Kursanstiegen bei den entsprechenden Pionier-Unternehmen jeder meinte, dass alles, was mit dem Internet zusammenhing, ein Geschäft werden musste. Erst da, als die Geschäftsmöglichkeiten und Gewinnchancen nicht mehr hinterfragt wurden, aber jeder am schnellen Reichtum teilnehmen wollte, platzte die Blase wie bei den Tulpenzwiebeln.

Der Fall *Intershop* – ein Beispiel

Eines der wunderbaren Märchen aus der Welt der New Economy war jenes von *Intershop*. Ein Unternehmen, das mit der Software für Firmen Geschäfte machen wollte, die am erwarteten Boom des Handels im Internet verdienen wollten und ab dem Jahr 1997 wie Pilze aus dem Boden schossen. Clou dieser märchenhaften Geschichte war, dass ausgerechnet ein junger Mann aus der ehemaligen DDR dieses Unternehmen gegründet hatte. Und so wurde Stephan Schambach schnell zu einer Vorzeigefigur der New Economy und seine Firma zu einem der Schwergewichte im Index für den Neuen Markt.

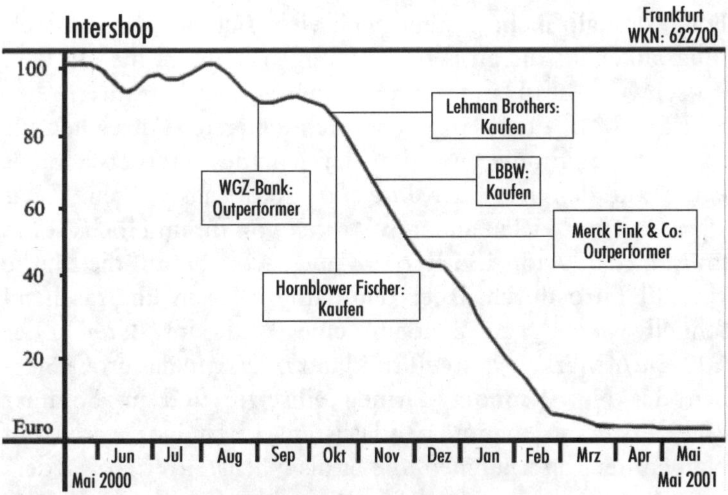

Intershop: Kein Experte sah die Katastrophe

Und das blieb lange Zeit so. Selbst als die ersten Online-Kaufhäuser bereits ihre Server abschalteten, galt *Intershop* noch als das Vorzeigeunternehmen. Denn mit seinen für den Verkauf von Waren im Internet bestimmten Software-Lösungen wurde es als einer der Marktführer hingestellt. Dazu trug auch bei, dass der Vorstand sich frühzeitig die USA als Tätigkeitsschwerpunkt ausgesucht hatte und gerade dort glänzende Marktchancen in Aussicht stellte.

Übersehen wurde jedoch, vom Vorstand ebenso wie von Analysten und Anlegern, dass es schon im Frühjahr 2000 deutliche Hinweise darauf gab, dass Geschäftsmodelle, die sich lediglich auf den Warenverkauf über das Internet stützten, nicht funktionierten. Und damit hätte die Frage gestellt werden können, ob Software gerade für solche Unternehmen noch als glänzendes Geschäft anzusehen ist. Aber vielleicht wurde die Frage deshalb nicht gestellt, weil viele sich nach einem Rettungsanker für die großen Hoffnungen sehnten, die mit dem Aufschwung des Handels im Internet verbunden waren.

So ist es wohl zu erklären, dass sich die ersten Anzeichen für das Nichtfunktionieren weiter Bereiche des Internet-Handels kaum auf den Kurs der *Intershop*-Aktie auswirkten. Zwar stürzte sie mit vielen anderen Werten von ihrem Höchststand im März 2000 von 135 Euro ab und sackte bis auf die Marke von 80 Euro durch. Aber dann fing sie sich überraschend schnell wieder und pendelte eine Weile im Bereich der 100-Euro-Marke, während rund um *Intershop* das große Sterben der New-Economy-Firmen einsetzte und im Sommer 2000 erste so genannte »Todeslisten« in Umlauf waren mit Namen der Unternehmen, die es als Nächste treffen würde.

Intershop stand nie auf solchen Listen. Im Gegenteil. Das Unternehmen und seine Aktien wurden hochgejubelt, als längst klar sein musste, dass nichts so laufen würde, wie man es gern hätte. Aber wer mochte das schon zugeben? Also stürzten sich viele Banken mit ihren Empfehlungen und Anleger mit ihren Orders auf die Unternehmen, die die Krise vermeintlich gut oder weniger beschadet überstehen würden. Im Fall *Intershop* ein schwerer Fehler. Denn trotz der Kaufempfehlungen von

Banken sackte die Aktie immer weiter nach unten. Und als im Januar 2001 der Vorstand die Wahrheit ans Licht brachte und eine Gewinnwarnung veröffentlichte, war auch der bis dahin so oft als letzter Stern in Sachen E-Commerce genannte Wert verglüht.

Die Möglichkeit und der Markt – ein ungleiches Paar

Treffen wir eine feine Unterscheidung. Die anfängliche Blüte der New Economy, verbunden mit dem Kursanstieg bei jenen Unternehmen, die Internet-Zugänge oder Netzwerkausrüstungen, die dafür notwendigen Computer oder auch die Software anboten, war durchaus angemessen.
Übertrieben wurde dies erst, als bloße Ideen schnelles und viel Geld bringen sollten. Und die Spekulanten machten mit. Keiner klopfte die Grundlagen, das Fundament dieser Ideen kritisch ab.
Bei Börsengängen mancher dieser Firmen sollten deren Aktien plötzlich für zwei- oder dreistellige Millionenbeträge unter das Volk gebracht werden. Es waren in vielen Fällen Firmen, die außer einer fixen Idee und einem hoch bezahlten Management nichts, aber auch gar nichts zu bieten hatten, was einen normalen Firmenwert ausmacht. Keine Maschinen, keine Grundstücke, keine Patente, kein Warenbestand, keine verlässlichen Gewinne – da hätten doch die Banken und Analysten Alarm schlagen müssen, solche Firmen vielleicht gar nicht an die Börse bringen dürfen. Was aber hätte ein weniger mit den finanziellen Hintergründen und Unternehmensdaten befasster Anleger erkennen können? Auf den eigenen gesunden Menschenverstand vertrauend wäre manche Geschäftsidee leicht selbst zu hinterfragen und deren Erfolg anhand des eigenen Verhaltens auszuloten gewesen. So wäre mancher

sehr schnell und recht leicht zu dem Ergebnis gekommen, dass zwar vieles möglich ist im Internet – aber längst nicht all das vom Markt gewollt, angenommen und mit Gewinnen belohnt wird.

Als eines der prominentesten Beispiele im Zusammenhang mit den Fehleinschätzungen von Unternehmenswerten und Aktienkursen wird immer gern der Internet-Buchhändler *Amazon* genannt: Weil bei diesem auch ein nur durchschnittlich informierter Anleger hätte hellhörig und stutzig werden müssen. Als überall in den Medien bereits darauf hingewiesen wurde, dass pro verkauftes Buch ein Verlust von rund fünf Dollar eingefahren wurde, befanden sich die Kurse trotzdem weiterhin im Steigflug. Wenn aber bereits die gewöhnliche Geschäftstätigkeit zu einem Verlust führt, deutet doch alles darauf hin, das Geschäft schnellstens einzustellen.

Nehmen wir nun den vollkommen uninformierten Anleger, den Mitläufer-Spekulanten ohne geringste Börsenerfahrung – selbst dieser hätte durch bloßes Hinterfragen seines eigenen Verhaltens stutzig werden können. Ist die Annahme wirklich realistisch, dass die Kunden künftig alles und nur noch per Mausklick im Internet einkaufen? Allein diese Frage führt zu verblüffenden Gedanken, die am Ende den Traum von der Internet-Einkaufs-Gesellschaft zum Albtraum für die Anleger werden lassen:

- Es ist schwer vorstellbar, dass eine breite Palette von Waren geeignet ist für den Handel im Internet. Beispielsweise wollen viele Kunden keine Designer-Mode per Mausklick kaufen – sie wollen die Stoffe mit der Hand fühlen, in die Kleidung hineinschlüpfen und sie vor dem Kauf testen.
- Es mag noch angehen, dass der Verkauf von Aldi-Katzenfutter übers Internet Zukunft hat, wenn man es denn kurz

darauf nach Hause geliefert bekommt – aber bitte zu demselben Preis wie bisher auch. Und schon hier kann etwas nicht stimmen: Wenn die Vertriebskosten für den Internet-Handel zusätzlich zu denen der Filialen entstehen und außerdem für die Lieferung weitere Kosten anfallen – wie soll dann der Preis zu halten sein? Bei einem höheren Preis als für den Kauf in der Filiale aber dürfte sich die Zahl der Interessenten drastisch reduzieren.

- Vor allem aber ist übersehen worden, dass der Einkauf – abgesehen von den mit geringen Gewinnspannen ausgestatteten Artikeln des Grundbedarfs – in unserer Gesellschaft längst auch den Charakter eines Freizeiterlebnisses bekommen hat. Wer möchte denn nicht herumschnuppern, ehe die Entscheidung für ein neues Duft- oder Rasierwasser getroffen wird? Das aber kann das Internet nicht bieten.

Folglich ereilte den Internet-Handel bis auf wenige Ausnahmen ein Schicksal, das durchaus absehbar gewesen wäre. Kaum einer hatte berücksichtigt, dass die Vertriebskosten für die Lieferung frei Haus und die erforderliche Logistik nicht so schnell einzurichten sind wie eine Homepage. Eine Vielzahl von Konkursen war die Folge. Und so wurde das Internet nicht zu einem völlig neuen Vertriebsweg für völlig neue Anbieter. Stattdessen wurde es lediglich zu einem weiteren Vertriebskanal z. B. für jene Versand- oder Kaufhauskonzerne, die durch ihr Stammgeschäft ohnehin schon über die logistischen Grundlagen und Erfahrungen mit der Lieferung frei Haus verfügten.

Kritisches in den Wind gesprochen

Natürlich war für einen völlig unerfahrenen Anleger das Börsenrisiko nicht in allen Facetten vorauszusehen. Aber schon bloßes Hinterfragen des Geschehens hätte ausreichen müssen, den auf der Welle der Internet-Begeisterung auf breiter Front ansteigenden Kursen mit einer größeren Skepsis zu begegnen. Zumindest in einigen Medien, allen voran *»Handelsblatt«*, *»Der Spiegel«* oder auch *»Die Welt«* gab es kritische Fragen, wurde der Leser auf Ungereimtheiten hingewiesen. Vorsichtig zwar, denn niemand will inmitten der schönsten Partystimmung Kassandrarufe hören. Aber immerhin waren folgende Informationen einem breiten Publikum zugänglich:

- Das lediglich im Geschäft mit Kinder- und Jugendfilmen operativ tätige Medienunternehmen *EM.TV* (von dem später noch die Rede sein wird) mit seinen knapp 300 Mitarbeitern hatte zeitweise an der Börse denselben Firmenwert wie die *Lufthansa* mit rund 65 000 Beschäftigten und all ihrem Betriebsvermögen einschließlich der Luftflotte. War das reell?
- Der Firmenwert des Internet-Buchhändlers *Amazon* war zeitweise so hoch angesetzt, dass dies nur dann gerechtfertigt gewesen wäre, wenn sämtliche Gewinne aus allen Buchverkäufen in der westlichen Welt ausschließlich in die Kasse dieses Unternehmens geflossen wären. War das richtig?

Aber solch kritische Gedanken waren schnell aus dem Kopf verbannt – denn selbst jene, die es kraft Autorität und Profession hätten wissen müssen, zerstreuten jegliche Bedenken. Die Rede ist von den Banken. Und von ihrem Berufsoptimismus. Vor allem sie heizten die zunächst durch Internet-Werte angeschobene und schließlich nur noch von der Hausse getragene Hausse weiter kräftig an.

Geschickte Propaganda umgarnt die Anleger

Das Anheizen erfolgt vor allem dadurch, dass die am regen Aktienhandel interessierten Unternehmen und Branchen vor allem das psychologische Umfeld der Börsen pflegen und hätscheln. Es kommt darauf an, gute Stimmung zu machen, zu vermeiden, dass jemand auf dem Höhepunkt plötzlich zum Abbrechen rät. Und dazu genügt es oft schon, kleine Positivimpulse zu setzen – worauf sich Banken und auch Fondsgesellschaften bestens verstehen.

Ein Beispiel dafür ist die in den letzten Jahren zu beobachtende Veränderung der Börsensprache. Als hätte man Angst, die Anleger durch schlechte Nachrichten wieder von den Börsen zu vertreiben, wird wortreich geschönt. Ein erheblicher Einbruch beim Kurs einer Aktie wird in der neuen Verniedlichungsform als »Korrektur« verharmlost und sofort mit dem Zusatz versehen, dass nun die günstige Gelegenheit für einen preiswerteren Einstieg gegeben sei.

Ein weiteres Beispiel für die Mogelei mit der Börsensprache: Selbst ein kleines Plus beim Index wird als »deutlicher Anstieg« oder auch als »Zeichen für weitere Gewinne« gefeiert, während ein Minus in exakt derselben Größenordnung als »knapp behauptet« dargestellt oder so ausgelegt wird, dass die Börse »nur eine kleine Verschnaufpause« eingelegt hätte.

Was negativ ist, wird verharmlost. Alles Positive wird verstärkt. Eine gute Entwicklung ist dieses übervolle Jubilieren nicht. Von den Banken kommen zu wenig Warnungen.

Dies wird ebenfalls deutlich bei den Prognosen für die Kursentwicklung des Deutschen Aktienindex. Betrachten wir die Einschätzungen zum Zählerstand des Dax, mit denen die Banken zum Jahreswechsel 1999/2000 an die Öffentlichkeit traten. Das war die letzte Jahresprognose vor dem Beginn des großen Einbruchs. Abgegeben wurden die Prognosen zu einem Zeitpunkt, als der Dax auf einem Zählerstand von rund 6000 Zählern lag.

Kaffeesatz-Prognosen ... ***In dieser Spanne erwarteten Banken den Zählerstand des Dax im Jahr 2000***	
BfG-Bank	5800 – 7000
Commerzbank	5500 – 7000
Deutsche Bank	7000 – 7500
DG-Bank (Volksbanken)	6000 – 7000
Dresdner Bank	5000 – 7000
HypoVereinsbank	5300 – 6500
West LB	6500 – 7000
... mit Optimismus ***Die folgenden Prognosen veröffentlichten Banken im Oktober 2000 bei einem Dax-Stand von knapp 7000 Zählern für die Jahresmitte 2001 (da lag er bereits unter 6000 Zählern)***	
Berenberg Bank	7900
Deutsche Bank	8000
Dresdner Bank	7500
Trinkaus & Burkhardt	7500
WestLB	8100

Zwar waren die Vorhersagen falsch, aber bei den Voraussagen für die Schwankungsbreite des Dax im Jahr 2000 klopften sich trotzdem fast alle Banken auf die Schultern und lobten sich selbst wegen ihrer vermeintlichen Treffsicherheit. Was auf den ersten Blick auch stimmte, denn zum 31. Dezember 2000 schloss der Dax mit knapp 6500 Punkten. Tatsächlich zeigen diese Einschätzungen besser noch als die für alle anderen Jahre, welche Absichten sich dahinter verbergen:

- Berücksichtigt man den Stand des Dax zum Zeitpunkt der Prognosenerstellung, sagten die meisten Banken einen Kursanstieg in der Spanne von knapp 10 bis fast 30 Prozent voraus. Das eigennützige Signal an die Anleger lautete also: Kauft, Leute, kauft, da steckt viel Geld drin.
- Ebenfalls ausgehend vom Zählerstand bei der Prognosenerstellung rechneten die Banken lediglich mit einem Rückschlag des Index von knapp 5 bis etwa 15 Prozent. Das Signal an die Anleger: Die Gewinnchance ist doppelt so hoch wie das Verlustrisiko.

Gewinnversprechen locken Aktien-Einsteiger

Die Prognose der Banken lässt sich gut mit dem Jahrmarktsversprechen »Jedes zweite Los gewinnt« vergleichen. Damit erreichten die Banken letztlich genau das, was ihrer eigenen Interessenlage am meisten entsprach: Der Markt zu Beginn des Jahres 2000 wurde weiter kräftig angeheizt, und selbst der Dax mit seinen Standardwerten wurde vor allem getrieben durch die Aktien der Internet-Firmen.

Wen wundert es, dass sich plötzlich (wie bei den Holland-Tulpen) auch scharenweise Klein- und Normalverdiener für das vermeintliche Aktienwunder interessierten. Längst waren die

Medien voll von Geschichten über sagenhafte Gewinne mit Neuemissionen und beim Kauf von Wachstumswerten. Selbst Tageszeitungen wie etwa die *»Hamburger Morgenpost«*, bislang kaum mit Wirtschaftsnachrichten aufgefallen, versprachen ihren Lesern nun täglich die richtigen Tipps für schnellen Reichtum mit Aktien und starteten große Kampagnen mit Slogans wie »Heute schon gedaxt?« oder »Bin ich schon Millionär?«

Natürlich trug das dazu bei, das Karussell der Börsenwerte immer schneller und auf immer höheres Niveau zu drehen. Von Weihnachten 1999 bis März 2000 übersprang der Zählerstand des Dax zweimal eine Tausender-Grenze: In nur einem Vierteljahr verbuchte der Index einen Zuwachs von rund 2000 Punkten. Was das bedeutet, wird erst klar, wenn man auf die Jahresendstände in der Vergangenheit schaut: Zuvor brauchte er für einen Anstieg von 2000 Punkten volle zwölf Jahre – von 1984 bis 1996.

Natürlich jubelten die Banken und alle anderen, die vom Börsenboom profitierten. Wer aber hob schon warnend den Finger, als der Dax im März 2000 mit 8065 Zählern über allen erst ein Vierteljahr alten Prognosen der Banken lag? Die Banken korrigierten ihre Prognosen eilig nach oben und unterstützten somit aufs Neue die herrschende Euphorie. Im Februar wurden sogar 9000 und gar 10 000 Punkte als Zählerstand des Dax für die allernächste Zeit in Aussicht gestellt.

Die Anleger springen auf brüchiges Eis

Auf keine andere Situation der jüngeren Börsengeschichte passt der abfällig klingende Begriff einer »Dienstmädchen-Hausse« besser als auf das Szenario im Frühjahr 2000. Angeheizt durch die Prognosen der Banken, die Jubelrufe von Analysten und vermeintlichen Gurus sowie die von den Medien

verbreitete Hochstimmung setzte zum Jahresbeginn ein in Deutschland noch nie gekannter Sturmlauf auf Aktien ein. Jeder sprang, arm oder reich, erfahren oder nicht, aufs gefährlich glatte Börsenparkett.
Nicht wenige kauften in dieser Phase sogar Aktien auf Kredit oder überzogen ihre privaten Girokonten. Was waren denn schon die für einen Wertpapierkredit fälligen 5 oder die für eine Kontoüberziehung zu berappenden 12 Prozent Jahreszinsen, wenn sich doch innerhalb weniger Wochen oder Monate gerade bei den Wachstumsaktien die Kurse verdoppelten oder verdreifachten? Da musste doch unterm Strich und nach Abzug der Kreditzinsen immer noch ein dicker Gewinn bleiben – so dachten viele.
Wie sich ein Gewitter langsam zusammenbraut, um sich dann blitzartig zu entladen, so braute sich auch das Börsen-Unheil im ersten Quartal 2000 deutlich erkennbar zusammen. Ein kurzer Blick auf die Kurszettel ebenso wie auf die wirtschaftlichen Rahmendaten hätte jedem erfahrenen Bankmitarbeiter in Erinnerung rufen müssen, was ihm als typische Zeichen für einen Klimaeinbruch an den Börsen eingetrichtert wurde:

- Der Sprung des Dax aus den Größenordnungen um 6500 Punkte bis über die 8000er-Marke wurde nur von ganz wenigen Einzeltiteln getragen. Während die Masse der Aktien mehr oder weniger herumdümpelte, zogen vor allem drei Titel den Index nach oben. Und das waren natürlich diejenigen, die – obwohl Standardwerte – von der Internet-Euphorie profitierten, nämlich *Deutsche Telekom*, *SAP* und *Siemens*.
- Zeitgleich gab es aus den USA bereits deutliche Warnungen vor einer Konjunkturabkühlung. Darauf wiesen zahlreiche der noch zu erklärenden Indikatoren hin. Auch die

Entwicklungen der dortigen Indizes verhießen nichts Gutes. In der Vergangenheit war es immer so, dass Rückschläge an den US-Börsen sofort und mit verblüffender Parallelität auch auf die Deutsche Börse durchschlugen, was eine ironische Börsenregel gut wiedergibt: »Wenn der Dow Jones hustet, bekommt der Dax eine Lungenentzündung«. Eher eine gegenteilige Einschätzung wurde getroffen: Nach Jahrzehnten der Sklaverei hätte sich der Dax aus der Abhängigkeit von den US-Leitbörsen befreit.
- Nicht mal die mittlerweile überall aus dem Euroraum zu vernehmenden Signale für steigende Zinsen und die dann immer drohende Abkühlung des Börsenklimas veranlassten zu entsprechenden Warnungen. Und das, obwohl die gegenüber dem Vorjahr um 50 Prozent deutlich gestiegenen und weiter im Steigen begriffenen Energiepreise sowie der in dieser Zeit gegenüber dem Dollar sinkende Eurokurs das Zins-Warnsignal noch mit zwei weiteren Ausrufezeichen betonten.

Es kann nicht sein, dass von den Zuständigen in den Banken, von Analysten oder Fondsmanagern all diese Alarmzeichen einfach übersehen wurden. Dafür waren es zu viele, dafür waren sie zu deutlich. Und so bleibt nur eine logische Schlussfolgerung: Diejenigen, an deren Lippen gerade die Kleinanleger in dieser Phase wie an denen eines Gurus hingen, auf deren Worte viele unerfahrene Aktienkäufer blind vertrauten und ihr sauer verdientes Geld setzten, können sich unmöglich auf Ahnungslosigkeit oder fehlende Hinweise für den Kurscrash berufen. Und so bleibt nur die Erklärung, dass die eben erst vom Volk der langweiligen Bausparer auferstandenen und zur Nation der dynamischen Aktien-Spekulanten mutierten Anleger wissentlich und mit Vorsatz in die Falle gelockt wurden.

Natürlich ist das ein hartes Urteil. Aber wenn es denn kein Vorsatz war oder ist, die Anleger in die Irre zu leiten – was dann?

Nehmen wir uns ein Beispiel: Das erste Gewitter am Neuen Markt war gerade vorbei, die Kurse schon kräftig in den Keller gerutscht und der Index für alle Werte am Neuen Markt (Nemax All Share) schon von über 8500 auf die Marke von 4000 gesackt, da wagte sich die *DG Bank* im Oktober 2000 mit einer für alle gebeutelten Anleger höchst erfreulichen Prognose an die Öffentlichkeit. Sie hielt nicht nur das Schlimmste für überstanden, sie sah sogar schon wieder hellstes Licht am Ende des Tunnels. Denn für das Jahresende 2001, so die Prognose der *DG Bank*, könnten sich die Anleger wieder auf einen Zählerstand von 8000 bei diesem Index des Neuen Marktes einstellen.

Entsprechend schwer tat sich dann ein Sprecher der *DG Bank*, als er Ende Februar 2001 eine neue Prognose von nur noch 3000 Zählern für das Jahresende in Aussicht stellte und gefragt wurde, wie denn nun dies zu erklären wäre. Schließlich hätte man doch noch vor gut vier Monaten einen um 5000 Punkte höheren Wert gesehen. Die Bank hatte auf vermeintliche Qualitätswerte gesetzt – so die Auskunft. Offen zugegeben wurde immerhin die völlig falsche Einschätzung der High-Quality-Werte. Aber das Ganze machte eher den Eindruck eines Ratespiels denn einer fundierten Analyse. So sah der Sprecher für den Index ein Restrisiko darin, dass dieser noch mal auf die 2000er-Marke gedrückt werden könnte. Das war wieder falsch! Nur rund einen Monat nach dieser Einschätzung befand sich der Index unter der 1500er-Marke. Falsch war auch die Auskunft, dass spätestens im zweiten Quartal 2001 die positiven Überraschungen überwiegen und für eine Erholung sorgen sollten. Vielmehr zappelte der Index im zweiten Quartal zwischen 1500 und 2000 Zählern hin und her – um zum Ende eben dieses »Erholungsquartals« wieder um 70 Zähler unter der 1500er-Marke zu liegen. Und es kam noch schlimmer: Nur wenige Tage nach Quartalsende landete der Index in der ersten Juliwoche 2001 sogar unter der Marke von 1200 Zählern.

Nun sei jedem zugestanden, auch mal orientierungslos zu sein oder sich zu irren. Aber sollte man dann nicht fairerweise zugeben, keine Ahnung zu haben? Für die Anleger wäre das allemal hilfreicher als das Verbreiten eines Optimismus, der allenfalls dem Wunschdenken der Analysten, nicht aber seriöser Handwerksarbeit entspringen kann. Und die einzige Entschuldigung der *DG Bank* kann nur noch sein, dass andere auch nicht besser, in manchen Fällen noch viel schlechter lagen. Ein schwacher Trost für die Bank – und keiner für die Anleger.

Die Lehrstücke *Kabel New Media* und *EM.TV*

Kaum jemandem, der sich für Aktien und den Höhenflug der New Economy interessiert, kann das Geschehen um das Unternehmen *EM.TV* verborgen geblieben sein. Ein Wirtschaftskrimi mit schillernden Figuren und einem Milliardenschaden für die enttäuschten Anleger. Alle sollten reich werden mit seinem Traum von einem deutschen *Disney*-Konzern, hatte Unternehmensgründer Thomas Haffa versprochen. Doch dies verwirklichte sich nur für Haffa selbst und seinen Bruder Florian, lange Zeit Finanzvorstand des Unternehmens. Beide ahnten, was kommen musste und trennten sich rechtzeitig von millionenschweren Aktienpaketen, ehe das Desaster um ihr Unternehmen vollends erkennbar wurde und Gewinnwarnungen zu veröffentlichen waren.

Bis Redaktionsschluss dieses Buches blieb es sogar ohne Folgen, dass Thomas Haffa gegen eine vertragliche Regelung mit der *WestLB* verstieß, als er einen großen Posten Aktien vor Ablauf der vereinbarten Haltepflicht abstieß. Dummerweise hatte man vergessen, für diesen Fall eine Vertragsstrafe zu vereinbaren. Und die Anleger konnten aus dieser Vereinbarung sowieso keine Rechte oder Schadenersatzansprüche ableiten. Ihnen bleibt außer den Verlusten nur die Erkenntnis, Opfer einer gigantischen Medienoffensive geworden zu sein, die eine kleine Klitsche mit unklaren Geschäftsaussichten zumindest für die Dauer von zwei Jahren als Super-Erfolgsunternehmen mit Weltgeltung und dem Unternehmenswert der *Lufthansa* vorführen konnte. Ein Unternehmen, bei dem die Banken selbst dann noch zum Kauf rieten, als ihnen das nicht funktionierende Geschäftsmodell längst hätte auffallen müssen.

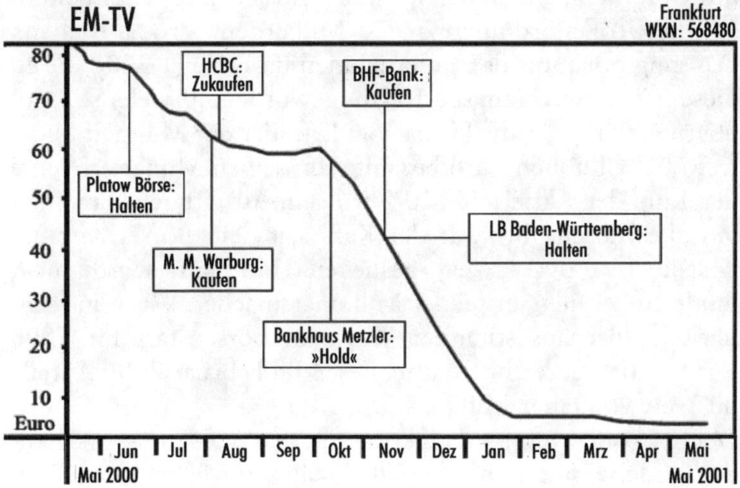

EM-TV: Hochgejubelt bis kurz vor dem Absturz

Unklares Kerngeschäft und verlustreiche Zukäufe

Begonnen hatte die vermeintliche Erfolgsgeschichte von *EM.TV*, als gut ein Jahr nach dem Börsengang des Unternehmens die Hälfte des Kinderfilmarchivs durch die *Kirch-Gruppe* erworben wurde. Bereits damals begleitet von kritischen Stimmen, denn es war schlecht vorstellbar, dass allein mit alten Kinder- und Jugendfilmen die glänzenden Geschäfte möglich sein sollten, die Haffa versprach. Und tatsächlich spielte das Kerngeschäft künftig nur noch eine Nebenrolle – neun Monate später stieg *EM.TV* bei der *Kirch*-Konkurrenz ein und beteiligte sich mit 45 Prozent an der *Tele München*-Gruppe. Dem Anleger wurden die Zukäufe so dargestellt, dass hier der kommende deutsche und internationale Konzern für TV-Rechte entstehen würde. Und so gelang es bis zum Dezember 1999 durch geschickte PR-Arbeit, den Börsenwert eines Unternehmens ohne Gewinne und mit 220 Mitarbeitern auf die Größenordnung von 7,5 Milliarden Euro zu treiben. Das ging noch, bis das Unternehmen im Februar 2000 die zu diesem Zeitpunkt längst erfolglos gewordene Jim Henson Co. übernahm und für die Firma vom Erfinder der Muppets Show fast 700 Millionen Euro bezahlte. Im selben Monat erreichte der Kurs der Aktie mit 120 Euro sein Allzeithoch. Bereinigt um alle Aktiensplits war der Kurs seit dem Börsenstart um weit über 30 000 Prozent gestiegen. Und Haffa wurde nicht müde zu betonen, er sei der Millionärsmacher. Was rein rechnerisch durchaus stimmte: Wer zum Börsenstart für 5000 Euro Aktien gezeichnet hatte, besaß im Februar 2000 Anteile im Wert von einer Million Euro.

Doch Größenwahn – Leibkoch für den Vorstandsvorsitzenden in der Firmenzentrale und Zukäufe für überteuerte Preise – kann nicht ersetzen, was der seriöse Kaufmann schlichtweg Gewinne nennt. Und so begann der Kurs der Aktie zu bröckeln, auch und erst recht nach der Übernahme von 50 Prozent des Formel-1-Zirkus von Bernie Ecclestone. Rund 1,8 Milliarden Euro kostete der Deal – zu viel für die Finanzkraft von Haffas Unternehmen. Im Oktober desselben Jahres brach das Kartenhaus der Unternehmenszahlen zusammen, stellten sich falsche Buchungen und völlige Unfähigkeit des Finanzvorstands heraus, woraufhin dieser seinen Hut nahm. Nach ewigem Gezerre um Beteiligungen und Übernahmen des nun wieder auf Kleinformat reduzierten Unternehmens rutschte der Aktienkurs schließlich dorthin, wo er nach dem realistischen Firmenwert auch anzusiedeln war: In den Bereich der Penny-Stocks, der Billigaktien, die allenfalls noch für Zocker interessant sein können.

Kabel New Media – vom Olymp der New Economy in die Ecke der Billigaktien

Aktueller und letztlich nur eine Wiederholung der *EM.TV*-Story ist das Drama um die Hamburger Multimedia-Agentur *Kabel New Media*. Ende Juni 2001 musste das Unternehmen Insolvenzantrag stellen, alle Zahlungen wurden gestoppt. Und das, obwohl die Firma noch im Januar den unmittelbar bevorstehenden »Break Even« verkündet, einen neuen Großinvestor in Aussicht gestellt hatte und immer wieder betonte, die Krise der Internet-Firmen locker zu überstehen. Es sah ja auch alles ganz gut aus, zumal Unternehmensgründer Peter Kabel mit Vorschusslorbeeren überhäuft wurde.

Als bei anderen Unternehmen aus der Branche bereits deutlich wurde, dass die Geschäftsmodelle mit der Gestaltung von Internet-Auftritten für Firmen und der Vermarktung von Werbung im Internet nicht funktionierten, wurde ihm noch höchste Ehre zuteil. Er wurde auf dem deutschen Mittelstandsforum für seinen visionären Weitblick und den vermeintlichen Erfolg zum »Entrepreneur (Unternehmer) des Jahres 2000« ausgezeichnet. Vielleicht erklärt dies, dass der an der Fachhochschule Hamburg zum Professor für Gestaltung berufene Unternehmer vor lauter Selbstverliebtheit, die er in regelmäßigen Interviews zum Besten gab, die Zahlen aus den Augen verlor. Noch zwei Monate vor der Insolvenz machte er sich über die wirtschaftlich kränkelnden Mitbewerber lustig: »Sollen sie doch alle Pleite gehen – uns macht das überhaupt nichts aus.« Ein lockerer Spruch, wenn man bedenkt, dass die Aktien acht Wochen später nur noch Schrottwert hatten und für deutlich weniger als einen Euro zu haben waren – wenn sie denn überhaupt jemand haben wollte.

Als Hauptproblem von *Kabel New Media* wurde der Ausfall von Forderungen in Millionenhöhe genannt. Doch angesichts eines Jahresverlustes von rund 120 Millionen Euro ist es kaum glaubhaft, dass ein Minus von 7,2 Millionen Euro durch den Konkurs des internationalen Sportrechtevermarkters *ISL* allein den Todesstoß ausgelöst haben soll. Eher dürfte dafür die wilde Akquisitionstour verantwortlich sein, durch die Peter Kabel mit Übernahmen und Zukäufen den Umsatz seines Unternehmens in die Höhe trieb. Keine Beachtung fand, dass auch hier zumeist Verluste erwirtschaftet und die Folgekosten der Einkaufstouren nicht berücksichtigt wurden.

Erstaunlich ist, dass sich in den Einschätzungen der Analysten zur Aktie der *Kabel New Media* offensichtlich nur die Erwartungen des Unternehmens widerspiegelten – ohne Berücksichtigung des langsamen Sterbens der gesamten Branche. Selbst im Monat vor der Eröffnung des Insolvenzverfahrens kam die gewichtete Wertung aller Analysen von neun Banken noch zu einem Urteil von 2,0 auf der von 1 (absolute Kaufempfehlung) bis 5 (absolute Verkaufsempfehlung) reichenden Skala. Aus zahlreichen anderen Unternehmen war längst bekannt, dass die Einrichtung von Web-Auftritten für große Firmen kein so profitables Geschäft war, wie lange Zeit angenommen. Jede Firma will ihre eigene Homepage mit eigenen Details – Synergieeffekte sind dabei kaum zu erreichen und die Kosten für Design und Programmierung fallen bei jedem Auftrag neu an.

Kaum aber waren die ersten Gerüchte über die Insolvenz zu vernehmen, kündigte das Bundesaufsichtsamt für den Wertpapierhandel Voruntersuchungen wegen des Verdachts auf Insidergeschäfte an. Aus dem Umfeld Kabels wollten Meldungen nicht verstummen, er habe sich rechtzeitig vor dem Absturz des Aktienkurses von großen Posten getrennt und Kasse gemacht. Von 100 Millionen Euro war die Rede. Fragt sich, warum er nicht in die eigene Tasche griff, um das Unternehmen zu retten, sondern immer wieder Meldungen über den Einstieg eines Großinvestors die Runde machten. Die Antwort kann wohl nur sein, dass Peter Kabel selbst, früher als andere und im Gegensatz zu seinen öffentlichen Beteuerungen, erkannt haben musste, dass sein Unternehmen keine Zukunft mehr hatte.

Die Ratschläge der Gurus – über den Sinn von Prophezeiungen

Wenn in diesem Buch von den Gurus die Rede ist, dann sind mit diesem Begriff all jene gemeint, deren Ratschläge, Empfehlungen oder auch nur Einschätzungen sich an die große Gemeinde der Börseninteressenten wenden. Guru nennen wir also Experten mit klangvollen Namen wie den verstorbenen Börsen-Altmeister André Kostolany oder seinen Partner Gottfried Heller, den Chef der *Fiduka*-Depotverwaltung, als auch

die mehr oder weniger bekannten Vermögensverwalter, Manager oder Sprecher von Fondsgesellschaften oder Banken, die uns gelegentlich in den Printmedien oder im Börsen-TV begegnen. Und wir verwenden diesen Begriff für Analysten, weil – trotz aller Pleiten oder vielleicht gerade wegen der Unsicherheit nach den Crash-Erlebnissen – viele Anleger nach wie vor großen Wert auf deren Meinung legen. Doch ehe die Aussagen der prominenten Gurus näher betrachtet und hinterfragt werden sollen, ist es interessant, sich einmal die der meist eher namenlosen Experten anzuschauen.
Manche Anleger schätzen die Tipps ihrer Gurus so sehr, dass sie dafür regelmäßig viel Geld auszugeben bereit sind. Verwunderlich ist das nicht – die Erfolgsmeldungen versprechen viel: Weit über 100 Prozent Wertzuwachs in sechs Monaten, geben manche Wertpapierberater als ihre übliche Erfolgsquote an. 500 Prozent in wenigen Jahren, wollen Infodienste ihren Lesern durch die wöchentlichen oder monatlichen Tipps als Wertzuwachs verschafft haben – toll, möchte man meinen. Aber diese Aussagen haben ihre Tücken: Theoretisch hätte man durch das Befolgen der Guru-Tipps vielleicht die versprochenen 500 Prozent Wertzuwachs verbuchen können. Aber praktisch dürfte das für kaum einen Anleger zu realisieren gewesen sein. Einfache Erklärung: Wenn irgendjemand Woche für Woche die tollsten Anlagetipps unterbreitet, sind das erheblich mehr, als der einzelne Anleger überhaupt realisieren könnte. Also werden einige befolgt, mal mit mehr, mal mit weniger Erfolg – aber nie mit den versprochenen Margen. Gleiches gilt für die bombastischen Gewinnversprechen der Gurus. Die tollen Ergebnisse kommen nur dadurch zustande, wenn aus dem Riesenangebot der Empfehlungen die jeweils besten herausgenommen werden. Mit anderen Worten: Auch in Börsenbriefen und Spezial-Infos für die Anleger wird ge-

trickst und getäuscht, was das Zeug hält. Es gibt einfach keine Garantie für richtige Vorhersagen.
Belegen lässt sich das nicht nur mit den zahlreichen Fehlprognosen rund um den Börsencrash zur Jahrtausendwende, sondern mit weiteren Fehleinschätzungen in der jüngeren Vergangenheit:

- Zu Beginn des Jahres 1997 stand der Dax bei rund 3000 Punkten. Fast alle Experten sahen nur ein begrenztes Entwicklungspotenzial für die darin enthaltenen Werte. Als Obergrenze wurde ein Zählerstand des Dax von 3200 Punkten genannt. Tatsächlich aber setzten die Kurse zu einem nicht vorhergesehenen Höhenflug an. Sechs Monate später stand der Dax um rund 1000 Punkte höher als vorausgesagt – er ging zum Jahresultimo 1997 mit etwa 4200 Zählern aus dem Handel.
- Weil das Kurspotenzial des Dax von allen für eng begrenzt gehalten worden war, wurde in fast allen Anleger-Informationen und Börsenbriefen empfohlen, auf starke Nebenwerte des M-Dax zu setzen. Doch was zum Jahresbeginn als ganz heißer Tipp gehandelt wurde, erwies sich schon im Sommer als kalter Kaffee. Zitat einer Überschrift aus dem »*Handelsblatt*« vom 27. Juni 1997: »M-Dax wird von den Top-30-Werten abgehängt – Blue Chips eilen von einem Rekord zum anderen«. Und so blieb es bis zum Jahresende – keiner der Experten hatte diese Entwicklung richtig vorhergesagt.

Ebenso wie drei Jahre später stimmte für die Börsenentwicklung des Jahres 1997 nicht mal die Grobeinschätzung durch die Zunft der Gurus. Eine Peinlichkeit aber blieb allen erspart: Welche Aktien zu Jahresbeginn auch empfohlen wur-

den, der Anleger konnte bei fast allen Werten Kursgewinne verzeichnen, die aber in vielen Fällen unter dem Wertzuwachs lagen, den der Dax signalisierte.
Die Liste falscher Vorhersagen ließe sich beliebig fortsetzen. Wer also seine Anlageentscheidungen allein dem Zufall überlässt (und gar kein Geld für Tipps in Form von Aktienbriefen ausgibt), kann oft die bessere Performance erzielen.
Ein gutes Beispiel dafür ist ein Experiment, das die Redakteure vom »*Handelsblatt*« 1996 starteten. Die Finanzredaktion Frankfurt warf sechs Pfeile auf die Kursnotierungen des eigenen Blattes, verfolgte die Wertentwicklung der getroffenen Titel und verglich sie mit der des Dax. Nach einem Dreivierteljahr wurde bilanziert: Der Dax brachte es auf einen Wertzuwachs von 16 Prozent. Das Zufallsdepot aus den Dart-Pfeil-Tipps jedoch kam auf 16,2 Prozent.
Auch die Stiftung Warentest veröffentlichte eher vernichtende Ergebnisse bei der Überprüfung von Anlagetipps der Banken-Infobriefe und jener der unabhängigen, aber kostenpflichtigen Börsenbriefe. Fazit dieser Untersuchung: Die Tipps sind schlecht. Weder konnten die Banken mit ihren Empfehlungen den Dax schlagen, noch schafften sie es, ein durchgängig positives Anlageergebnis zu erzielen.

Warentest-Untersuchung zu Aktientipps (für die Jahre 1993/1994)

	Wertentwicklung			***Anlage-ergebnis***
	Tipps besser als Dax	Tipps schlechter als Dax	Tipps besser als Festgeld	Tipps brachten Verlust
Durchschnitt aller Bank-Infodienste	42,9 %	57,1 %	37,6 %	53,8 %
Durchschnitt unabhängiger Börsenbriefe	41,0 %	59 %	32,7 %	60,6 %

Die Wertentwicklung besagt, ob Tipps zu einer besseren Performance führten als sie beim Durchschnitt aller Dax-Werte zu verzeichnen war, das Anlageergebnis vergleicht den Erfolg von Tipps mit dem bei einer absolut risikolosen Anlage in Festgeld.

Allerdings lagen die Tipps der Banken immerhin noch ein wenig besser als die der zum Teil teuren Börsenbriefe, denen man eigentlich wegen ihrer Unabhängigkeit vielleicht mehr Vertrauen schenken möchte als den Banken. Besonders peinlich für die Gurus ist das von Warentest auch noch berücksichtigte Anlageergebnis bei Befolgung der Tipps oder bei Verzicht darauf und Anlage des Geldes zu festen Zinssätzen: Wer den Empfehlungen zum Aktienkauf folgte, hätte in der Mehrzahl aller Fälle einen Verlust gegenüber der risikolosen Anlage in Festgeld gemacht.

Natürlich kritisieren die Herausgeber der kostenpflichtigen Aktionärs-Infos solche Untersuchungen. Besonders gern werden die Untersuchungsmethoden oder auch die Zeiträume für die geringe Trefferquote verantwortlich gemacht. So stellen sich z. B. die Jahre 1993 und 1994 gerade in der rückwirkenden Betrachtung als sehr schwierige Börsenjahre dar, in denen der Dax sich überwiegend seitwärts bewegte, dabei aber zwischenzeitlich erhebliche Sprünge nach oben und unten machte.

Als Entschuldigung für die eigene Unfähigkeit, dem Anleger konkrete Erfolgstipps liefern zu können, taugt der Hinweis auf eine eher schwierige Börsensituation jedoch nicht. Im Gegenteil: Gerade in solchen Zeiten sollten Profi-Tipps dem Anleger den Weg weisen. In einer Hausse wie von 1997 bis Frühjahr 2000 benötigte keiner Ratschläge – da konnte man fast beliebig Aktien kaufen und machte immer irgendwie Gewinn.
Als Beispiel für den Unterschied zwischen Werbung und Wirklichkeit betrachten wir die Homepage von »*Der Aktionär*«, einem Börsenmagazin, wie es viele gibt – herausgegeben von Bernd Förtsch. Im Juni 2001 wurde hier ein jubelnder Anleger zitiert: »Ich konnte aus 80 000 DM mit Hilfe der Tipps von *Der Aktionär* 400 000 DM machen!« Der musste richtig Glück gehabt haben und nicht jenen Tipp von Herrn Förtsch befolgt haben, den er ein Jahr zuvor verbreitete. Damals riet er zum Kauf von Aktien der Firma *Rambus*, einem Unternehmen zur Entwicklung von Speichersystemen im IT-Bereich, mit einem Kurswert von 105 Euro zu der Zeit, angebliches Kursziel 500 Euro. Der Kurs stieg (durch die Empfehlung?) kurzfristig auf 120 Euro – aber ein Jahr später stand er gerade noch bei 12 Euro. Folglich könnte ein Aktionär auch jammern statt jubeln: »Ich habe bei 80 000 DM Einsatz mit Hilfe der Tipps von *Der Aktionär* über 70 000 DM verloren.«
Zu ähnlich schlechten Ergebnissen für die Profis kommt eine Untersuchung des Max-Planck-Instituts für Bildungsforschung in Berlin. Im Jahr 2000 durchgeführt, nahm sie sich die Performance von Laien-Depots sowie der von professionell gemanagten Portfolios vor und verglich beide mit der Entwicklung des Dax und des Dow Jones. »Laien haben mehr Börsenerfolg als Experten«, stellten die Forscher fest. Ihr Fazit lautete: Je weniger aktuelles Fachwissen der Anleger habe,

desto eher treffe er aus dem Bauch heraus die richtigen Entscheidungen.
Es hüte sich aber jeder, auf das eigene Bauchgefühl zu verzichten und sich auf das anderer zu verlassen. Vor allem, wenn es sich um Tipps handelt, die in den zahlreichen Diskussionsforen im Internet bzw. in den so genannten Brokerboards der Finanzsites veröffentlicht werden. Vorsicht auch bei so genannten Insider-Tipps. So etwas kann es im Internet nicht geben, weil alles, was dort zu lesen ist, nicht mehr »inside« ist.
Verfolgt man, wer sich in den Diskussionsforen für Anleger tummelt und zu Wort meldet, lassen sich drei große Gruppen unterscheiden:

- Da sind zum einen die Interessierten, die einfach Meinungen anderer und deren Strategien kennen lernen wollen, sich austauschen möchten, eigene Einschätzungen überprüfen lassen möchten, um auf eventuell nicht bedachte Faktoren aufmerksam gemacht zu werden.
- Die zweite Gruppe ist die der – um dem Internet-Jargon zu folgen – »Dumm-Pusher«. Sie zeichnen sich dadurch aus, dass sie irre Kursziele für bestimmte Werte vorgeben und diese zu begründen versuchen. Hier ist das Risiko gering, auf falsche Tipps hereinzufallen. Über kurz oder lang führen sich die Dumm-Pusher selbst ad absurdum und ihre Ratschläge erweisen sich als Seifenblasen.
- Wirklich gefährlich ist die dritte Gruppe, die der »Profi-Pusher«. Sie geben sich zunächst als seriöse und ernsthafte Teilnehmer aus und bauen so (durch mehr Warnungen als Empfehlungen) einen guten Namen auf. Dadurch erwerben sie bei anderen Teilnehmern einen Vertrauensvorschuss. Erst dann kommen die Tipps zu Aktien, an deren Kursbewegungen die »Profi-Pusher« ein ganz persönli-

ches Interesse haben. Vorsicht ist vor allem angebracht, wenn sich Empfehlungen dieser Laien-Experten auf Werte beziehen, bei denen schon wenige Orders zu erheblichen Kursbewegungen führen können.

Der Segen des Internets sind also nicht die dort zu bekommenden »heißen Tipps« von Insidern, sondern allenfalls die in keinem anderen Medium so schnell verfügbaren Informationen und Analyse-Instrumente. Aber dies hat einen negativen Nebeneffekt: Unbestritten ist, dass die Schnelligkeit der Informationen zum übertrieben häufigen Handeln verleitet. Auch wenn die Trefferquote derer, die sich Reichtum von Intraday-Kursen und dem blitzschnellen Traden versprechen, erschütternd niedrig ist. Untersuchungen aus den USA belegen, dass 70 Prozent dortiger Daytrader nur Verluste machen. Verlässliche Zahlen aus Deutschland zum Erfolg der Daytrader gibt es nicht – vermutlich, weil kein Geldinstitut Interesse daran hat. Die verdienen an jeder Order, auch wenn der Trader nur Verluste realisiert.
Eine aktuelle Untersuchung der US-Unternehmensberatung *Bain & Co* bestätigt, was auch deutsche Online-Banken, ohne genaue Zahlen zu nennen, beobachten: Das Tempo der Orders nimmt rasend schnell zu. Wurden z. B. in New York 1960 nur knapp über 10 Prozent aller Aktien einmal pro Jahr gehandelt, wechselten 2000 drei Viertel aller Anteilscheine mindestens einmal den Besitzer. Noch deutlicher wird der Trend bei der Betrachtung von Einzelwerten: Ein Aktionär des Internet-Buchhändlers *Amazon* behält seine Anteile im Schnitt nur sieben Börsentage. Jede Aktie wird also 35-mal pro Jahr verkauft. Mit strategischer Anlageplanung hat das nichts mehr zu tun. Und je häufiger getradet wird, desto eher ist der Anleger bereit, auf Empfehlungen anderer ohne genaue Prüfungen einzusteigen und sich in die falsche Richtung locken zu lassen.

Strichdiagramme und Zahlenreihen – die Vergangenheit als Wegweiser für die Zukunft?

Zur Reihe derer, die mit Prophezeiungen Anlegern den richtigen Zeitpunkt für Ein- oder Ausstieg weisen möchten oder ihnen sogar Werte empfehlen, bei denen der Anlageerfolg garantiert sein soll, gesellt sich auch die große Gruppe der Chartanalysten und Mathematiker. Anhand ihrer Methoden soll zu erkennen sein, welche Entwicklungen Indizes ebenso wie einzelne Kurse oder auch Wechselkurse in der Zukunft nehmen. Aber auch hier klaffen Wunsch und Wirklichkeit weit auseinander.

Betrachtet man die Kommentare der Chartanalysten ebenso wie die der Finanzmathematiker aus dem Frühjahr 2000, so sind auch von deren Seite Warnungen ausgeblieben. Im Gegenteil: Statt die längst aus dem Diagramm der Charts ausbrechenden Kurslinien als klare Übertreibungen zu erkennen, wurden neue Trend- und Kurskanäle mit immer neuen Zielvorgaben gezeichnet. Und ebenso verhielten sich die Rechenkünstler, als neue Indexstände so gar nicht mehr zu den von ihnen sonst immer beobachteten Wellenbewegungen passen wollten. Plötzlich galten die selbst aufgestellten Gesetze nicht mehr, wurden die neuen Entwicklungen als Jahrhundert- oder Jahrtausendwellen definiert und zugleich begründet, warum es so etwas geben könne. Trotzdem aber darf der Einfluss nicht unterschätzt werden, den die Aussagen dieser Gurus haben. Es gibt nicht wenige Anleger, die sich bei ihren Entscheidungen danach richten. Einerseits muss deshalb davon abgeraten werden, hier zu viel Vertrauen zu investieren, andererseits gilt es, die Einflüsse dieser Aussagen bei der eigenen Analyse und Strategie zu berücksichtigen. Wir werden später noch mal detailliert darauf eingehen.

Die Stars im Auf und Ab

Viel größeres Gewicht als den namenlosen Ratgebern in der Aktienszene und auch den im Auftrag der Finanzindustrie tätigen Analysten kommt den Berühmtheiten unter den Börsen-Gurus zu. Aus zwei Gründen: Weil sie auf besondere Erfolge in der Vergangenheit verweisen können und weil ihnen wegen der Macht des von ihnen vertretenen Anlegerkapitals zugetraut wird, durch Entscheidungen und sogar bloße Meinungsäußerungen den Markt beeinflussen zu können.
Wobei natürlich einer nicht fehlen darf, und das ist der den Anlegern wohl immer unvergessen bleibende Börsen-Altmeister André Kostolany, der vor allem in den letzten Jahren vor seinem Tod im Jahr 1999 meist strikt ablehnte, Fragen zu bestimmten Aktien oder auch Börsentrends zu beantworten. Wohl auch, weil ihm die plötzliche Hektik der unerfahrenen Anleger und ihre Jagd nach dem ganz schnellen Reichtum mit Sorge erfüllte. Denn gerade im Zusammenhang mit dem kometenhaften Aufstieg der Internet- und New-Economy-Werte wiederholte er sein Credo in immer kürzeren Zeitabständen: »Nach dem Aktienkauf sollte man erst mal in die Apotheke gehen, Schlaftabletten holen – und sein Depot ein paar Jahre ruhen lassen.«
Die langfristige Kursentwicklung bestätigte den Altmeister, der nicht das schnelle Erkennen von Trends und das hektische Setzen auf vermeintlich sichere Tipps, sondern die Kunst des Wartens als Schlüssel zum Erfolg pries: Immer wieder rechnete er den Anlegern vor, dass es fast unmöglich sei, den absolut besten Zeitpunkt für Ein- oder Ausstieg zu finden. Stattdessen riet er, sich auf Anlagezeiträume von fünf oder mehr Jahren zu konzentrieren. Kostolany gehörte nicht zu denen, die jeden Kurseinbruch als Unheil empfanden. Er sah darin neue Chan-

cen, die Anleger zum Kauf nutzen sollten. Vorausgesetzt, die Ertragskraft und der Geschäftsverlauf des Unternehmens entsprachen den klassischen Regeln des kaufmännisch soliden Unternehmertums.
Und es wäre wohl keinem Jungunternehmer gelungen, dem Altmeister auch nur eine müde Mark an Wagniskapital für eine fixe Idee aus der Tasche zu locken, ohne hinreichende Erfahrung in Unternehmensführung vorzuweisen und überzeugende Beweise dafür, dass sein Start-up auch die Gewinnzone erreichen kann. Ebenso wäre es wohl kaum einem Analysten gelungen, den Altmeister zum Ein- oder Ausstieg bei bestimmten Aktien zu bewegen. Denn Kostolany hat nie ein Hehl daraus gemacht, was er von deren Prognosen – positiven wie negativen – hielt: »Da kann man genauso gut eine Münze werfen.«

Kurt Ochner: der Guru des Neuen Marktes und sein tiefer Fall

Einer der mächtigsten Fonds-Manager der deutschsprachigen Börsenwelt – bezogen auf die Wachstumswerte und den Neuen Markt in Deutschland wohl sogar der mächtigste – war Kurt Ochner, tätig für die Julius Bär Kapitalanlage in Frankfurt und unter anderem verantwortlich für den Fonds Julius Bär Special German Stock Fund. Solange es aufwärts ging am Neuen Markt und mit den Wachstumsaktien galt er als »König der Nebenwerte«, als »Großmeister des Geldes«, der »Guru des Neuen Marktes«.
Der genannte Fonds legte von 1996 bis ins Frühjahr 2000 um rund 500 Prozent zu – eine Leistung, an die selbst andere damalige Top-Fonds im selben Segment wie z. B. der Nordinternet mit einer Performance von über 300 Prozent bei weitem nicht heranreichten. Denn Ochner hatte sehr zeitig und vor dem allgemeinen Höhenflug dieses Segments begonnen, auf

kleine und weitgehend unbekannte Firmen zu setzen. Und seinem Arbeitgeber gefiel es: Denn es war allein Ochners Erfolg, dass die von dem Schweizer Bankhaus in Deutschland verwalteten Anlegergelder von ein paar hundert Millionen auf fast zwölf Milliarden Mark zunahmen.
Kein Wunder also, dass Ochner begehrter Gast in allen TV-Sendungen war. Auf seine Tipps schien Verlass zu sein. Doch das lag, wie später deutlich wurde, nicht etwa am richtigen Riecher, den Ochner bei der Auswahl von Firmen bewies, in dem er mit sicherer Hand die nach Geschäftsidee und vielversprechenden Zahlen erkennbar besten Unternehmen auswählte und ins Portfolio legte. Vielmehr wurde ihm nach seinem Rauswurf im April 2001 von gut informierten Kritikern vorgeworfen, er hätte es an der nötigen Distanz zu den von ihm favorisierten Firmen fehlen lassen.
Was damit gemeint ist, wie das System Ochner tatsächlich funktionierte und warum er mit seinen Entscheidungen bis zum Höhepunkt im März 2000 auch praktisch immer richtig lag, lässt sich heute sehr genau sagen: Er übernahm oft schon im Zusammenhang mit dem Börsengang große Aktienpakete, sorgte so für die notwendige Nachfrage und trieb letztlich durch eigene Käufe der entsprechenden Werte deren Kurse immer weiter in die Höhe. Die medienwirksamen Auftritte taten ein Übriges, um Privatanleger glauben zu lassen, es handele sich tatsächlich um gute Tipps und die Aktien besonders erfolgreicher oder doch zumindest Erfolg versprechender Firmen.
Aber was anfangs wie eine Gelddruckmaschine zu funktionieren schien – das durch die eigene Marktmacht mögliche Puschen bestimmter Aktienwerte – brachte schließlich das Kartenhaus des Gurus zum Einsturz. Ochner saß auf einer Vielzahl von Aktien, die nach den ersten Einbrüchen bei den

Wachstumswerten kaum noch jemand haben wollte. Verkaufen und ins Geld gehen (also die Verkaufserlöse zu bunkern), wie es andere Manager taten, war deshalb auch nicht möglich. Denn der Abstoß seiner großen Anteilspakete auch in mehreren kleinen Schüben hätte noch stärkere Kursverluste ausgelöst. Ochner wurde Opfer seiner eigenen Strategie.
Ob Ochners Vorgehensweise in seinen Erfolgsjahren für einen Börseneinsteiger zu durchschauen gewesen wäre, ist fraglich. Ein erfahrener Anleger hätte durch eigenes analytisches Hinterfragen einzelner Werte und beim Blick auf die Bewertungsmaßstäbe gelegentlich stutzig werden können. Aber die Erfahrung lehrt, dass meist so lange nicht hinterfragt wird, wie alles gut geht. Und bei Ochner ging es sogar sehr gut. Allenfalls die Hinweise im Prospekt zum genannten Ochner-Fonds hätten als Warnung verstanden werden können: »Der Fonds dient Aktienanlegern mit einer hohen Risikotoleranz, die am Entwicklungspotenzial von jungen und dynamischen Industrien und Unternehmen partizipieren wollen.« Gerade wegen dieser klaren Warnung vor hohem Risiko gab es denn auch für die Anleger keine Chancen, rechtliche Schritte erfolgreich einzuschlagen.

Ralph Acampora: Sein Lineal verspricht gutes Börsenklima bis ins Jahr 2011

Als der große Crash über die Wachstumsbranchen hereinbrach, war Ralph Acampora bereits seit 30 Jahren als Chartanalyst tätig und zu der Zeit Chefanalyst von Prudential Securities. Dahinter verbirgt sich die fünftgrößte US-Brokerfirma mit einem verwalteten Kundenvermögen von rund 270 Milliarden Dollar. Und Ralph Acampora ist einer der weltweit angesehensten Propheten – auch bei denen, die ansonsten der technischen Chartanalyse mit Diagrammen, Bleistift und Lineal eher skeptisch oder sogar ablehnend gegenüberstehen.

Aber Acampora schwört darauf, dass nur die historischen Kursverläufe wirklich Auskunft über die Entwicklungen in der Zukunft geben. Und das, was er aus der Vergangenheit für die Zukunft herausliest, gibt seinen Worten Recht. Denn der manchmal auch als »Bulle von der Wall Street« bezeichnete frühere Theologie- und Geschichtsstudent hat bereits Mitte der 90er-Jahre zwei Studien veröffentlicht, die zunächst mit ungläubigem Kopfschütteln zur Kenntnis genommen wurden und anschließend seinen Ruhm begründeten. Da sagte er nämlich sehr treffsicher genau die Zählerstände voraus, auf die der Dax-Index dann entgegen allen anders lautenden Vorhersagen wirklich steigen sollte.

Allerdings traten die Erwartungen Acamporas nicht zeitgenau ein, sondern erstens früher und zweitens wurden die von ihm markierten Zählerstände weit übertroffen. Diese Umstände sind auch im Zusammenhang mit einer weiteren Prognose von ihm zu beachten: Ralph Acampora erwartet bis zum Jahr 2011 einen Zählerstand beim Dow Jones von 20 000 Punkten. Und mit dieser Vorhersage, bei ihm charttechnisch begründet, liegt er im Trend anderer sehr ernst zu nehmender Prognosen.

Bis zum Ende dieses Jahrzehnts erwarten nämlich zahlreiche Börsenexperten beständig steigende Kurse, wenn auch mit kleinen Unterbrechungen oder zeitweisen Rückschlägen. Die Begründung dafür sind allerdings in den meisten Fällen nicht charttechnischer, sondern demoskopischer Natur. Denn bis zu diesem Zeitpunkt wird durch den Zufluss erheblicher Kapitalmengen in die Aktienmärkte der langfristige Boom weiter genährt. Dann aber könnten die Abflüsse an den Märkten deutlich zunehmen und für eine langfristige Verschlechterung

des Börsenklimas sorgen, da etwa in dem Zeitraum von 2010 bis 2015 die ersten geburtenstarken Jahrgänge in den Ruhestand gehen werden und beginnen, von ihrer mit Aktien aufgebauten Altersvorsorge zu leben oder sie in weniger kursempfindliche Anlagen umzuschichten.
Was Ralph Acampora von anderen Vertretern der Charttechniker-Zunft unterscheidet: Er hat gar nicht erst versucht, das Vorhersage-Debakel aller Analysten zur Kursentwicklung seit März 2000 zu beschönigen, sondern gab sein eigenes Versagen zu. Zugleich warnt er aber davor, auch bei weiteren deutlichen Rückgängen nicht übernervös zu reagieren und das Ziel von 20 000 Zählern beim Dow Jones aus den Augen zu verlieren. Seine Begründung: Nach den drei Aktien-Megamärkten, dem der US-Eisenbahnausrüster (1877 bis 1891), dem Boom der Autotitel (1921 bis 1929) und dem der Computerhersteller (1949 bis 1966), sind für den vierten Megamarkt, dem des Internet-Zeitalters, reinigende Bärenmärkte, also fallende Kurse, zwingend erforderlich. Solche Phasen der Zwischentiefs werden von vielen als erforderlich angesehen, um eine schnelle Überhitzung der Märkte zu vermeiden und die Spreu vom Weizen zu trennen. Nach Acamporas Worten dürfe sich niemand darauf verlassen, dass der Dow Jones in einem Rutsch auf die 20 000er-Marke stürme. »Aber knacken wird er sie bis 2011 sicherlich.« Hoffen wir, dass diese Aussage dann Ralph Acamporas dritte ins Schwarze treffende Großprognose ist.

Abby Cohen: Die »Königin der Bullen« wurde vom Bären gebissen

Abby J. Cohen, 1952 geboren, Mutter von zwei Kindern und in Kleidung und Auftreten der Inbegriff einer typisch amerikanischen Hausfrau, stieg 1991 zu den angesehensten Analystinnen an der New Yorker Wall Street auf, nachdem sie von den Investmentbanken T. Rowe Price und Drexel Burnham Lambert zu Goldman Sachs gewechselt hatte. Ihr biederes Auftreten täuscht – viele hielten sie zumindest bis zum Jahr 2000 für die treffsicherste Expertin am amerikanischen Aktienmarkt. Schon 1991 begann sie, den sich abzeichnenden Börsenboom vorherzusagen. Ihre Anhänger verehrten sie als »Fluglotsin des Aktienmarktes« oder auch als »Königin der Bullen«. Diesem Image blieb sie auch 1998 treu, als der Dow Jones durch die Russlandkrise absackte. Sie sah darin keine Gefahr, riet zum Durchhalten – und lag mal wieder richtig.

Wie falsch der manchmal gegen sie gerichtete Vorwurf war, nur die steigenden Kurse zu propagieren und auf dieser Welle getragen zu werden, bewies Abby Cohen im März 2000. Da warnte sie nämlich vor einer Überbewertung der im Dow Jones gelisteten Aktien und verwies darauf, dass die zu dieser Zeit noch hervorragenden Gewinnaussichten der Unternehmen bereits in den Kursen eingepreist wären. Sie reduzierte deshalb den Anteil dieser Aktien in ihrem Musterdepot auf 65 statt wie vorher 70 Prozent. Nicht wenige verstanden diese Aktion als deutliches Warnsignal und die Aufforderung zu verkaufen. Und es ging deutlich bergab mit den Kursen – vor allem an der Technologiebörse Nasdaq.

Im September 2000 hielt sie die Kursstürze für überstanden und schätzte den Markt als »sehr freundlich« ein. Das aber war eine falsche Prognose. Ebenso wie die zwei Monate später veröffentlichte Einschätzung, nach der die Werte im Standard-&-Poor's-Index um 15 Prozent unterbewertet wären. Wer sich bei diesen beiden Aussagen auf Abby Cohen verließ, verlor viel Geld. Deshalb begann ihr Stern zu verblassen. Dies verstärkte sich, als sie im März 2001 auch noch die Prognose für den Dow Jones korrigierte und zurücksetzte.

Womit sich wieder einmal bewahrheitete, dass niemand auf

Dauer nur richtige Prognosen abgibt. Es bleibt abzuwarten, ob Abby Cohen wieder dieselbe Rolle einnehmen kann, die sie über fast ein Jahrzehnt hatte. Oder ob sie das Schicksal von Elaine Garzarelli teilen wird. Diese hatte – völlig entgegen dem allgemeinen Optimismus – als einzige Analystin im Spätsommer 1987 einen Kursverlust von mehr als 500 Punkten im Dow-Jones-Index vorausgesagt und wurde deshalb von ihren meist männlichen Kollegen nur mitleidig belächelt. Aber genau einen Monat später trat exakt das ein, was Elaine Garzarelli vorhergesagt hatte: Am legendären »Schwarzen Montag«, es war der 19. Oktober 1987, brach der amerikanische Leitindex Dow Jones um mehr als 500 Zähler ins Minus ein. Der Dow Jones erlebte seinen bis dahin größten Punktverlust. Schlagartig galt Elaine Garzarelli als neuer Star der New Yorker Börse. Doch der großen, ihr nun zugeschriebenen Prophetenrolle konnte sie auf Dauer nicht gerecht werden. Es schlossen sich eine Reihe von Fehlprognosen an und der Ruhm begann schnell zu verblassen – so wie es manche auch schon im Laufe des Jahres 2001 für Abby Cohen vorhersagten.

Gottfried Heller: In der Ruhe liegt der Erfolg

In guten Jahren ist es keine Kunst, mit dem Geld der Anleger Erfolge zu erzielen. Wenn es aber jemandem gelingt, auch in extrem schwierigen Zeiten konstante Zuwächse zu erzielen, kann es sich dabei nicht mehr nur um pure Zufälle handeln – schon gar nicht über einen Zeitraum von rund 30 Jahren. Und einer, dem dies bisher stets gelang, ist Gottfried Heller, Chef der Fiduka-Depotverwaltung in München, die er 1971 mit André Kostolany gegründet hat. Wer Heller reden hört, fühlt sich zwangsläufig an viele Sätze erinnert, die so oder ganz ähnlich auch aus dem Mund des Altmeisters Kostolany zu hö-

ren waren. Gar nichts, das wird jedem Zuhörer innerhalb kürzester Zeit klar, hält Gottfried Heller von allem, was auch nur den Anflug des Zockens oder schnellen Tradens wegen des vermeintlich hohen, kurzfristigen Gewinns beinhaltet.
Kein Wunder also, dass Heller eine Zeit lang nicht so sehr gefragt war als Interview-Partner und stattdessen eher die überoptimistischen Jungdynamiker aus den Verwaltungen der Fonds für Wachstumswerte eingeladen wurden. Aber das änderte sich sehr schnell ab März 2000. Denn anders als all diese Fonds und auch anders als die meisten Internationalen Aktienfonds schaffte es Heller, mit seinem Fiduka-Fonds die tückischen Klippen der wackelnden und rutschenden Kurse und der gescheiterten Internet- bzw. Technologie-Unternehmen geschickt zu umschiffen. In der höchst kritischen Phase von März 2000 bis Mai 2001 gelang es ihm nahezu permanent, den Vergleichsindex (MSCI World) für seinen internationalen Aktienfonds um rund 20 Prozent zu übertrumpfen.
Schaut man sich die Strategie Hellers auf der Suche nach seinem Erfolgsgeheimnis an, wird vor allem eines klar: Hier wird nach grundsoliden, klassischen Bewertungsmaßstäben und einer eisernen kaufmännischen Regel gearbeitet: Die Kunst des Gewinns liegt nur im richtigen Einkauf, zweifelhafte und überteuerte Ware kommt gar nicht erst ins Lager. Und: Wie der gute Kaufmann noch zu Sommerpreisen all das bunkert, was aller Erfahrung nach in den kommenden Wintermonaten reißenden Absatz findet, zeigt sich auch bei Heller außerdem eine vorausschauende Planung unter sehr genauer Beobachtung des Marktes und der Berücksichtigung von langfristigen wirtschaftlichen Effekten.
Dies zeigt sich auch darin, dass Heller nie die von anderen Marktexperten so oft geäußerten pauschalen Tipps ausgesprochen hat, nach deutlichen Kursverlusten auf breiter Front

nachzukaufen. Sein Credo ist vielmehr, sich jeden einzelnen Wert genau anzuschauen und dabei vor allem auf die Bonität des Unternehmens zu achten – sprich auf die klassischen Kennzahlen. Nur dies könne, so Heller, die Anleger vor dem Kardinalfehler bewahren, Anteile von Unternehmen zu kaufen, deren wirklichen Wert sie in Wirklichkeit gar nicht kennen. Genau das aber war es, was viele unerfahrene Anleger im Jahr 2000 und auch noch danach wirklich ums Geld gebracht hat: Der Kauf von Aktien, die nur deshalb als kaufenswert erachtet wurden, weil sie vorher so stark im Kurs gefallen waren. Ohne jegliche Prüfung, ob der Kursverfall nicht vielleicht durch fundamentale Unternehmensdaten gerechtfertigt war – oder wegen dieser Daten sogar weitere Kursverluste zu befürchten waren.

Wird Heller nach den Werten gefragt, die besonders viele Anleger enttäuscht haben, wirkt er wieder wie der klassische Kaufmann, der allein schon durch seine Menschenkenntnis die Spreu vom Weizen zu trennen versteht. Er hätte nie eine Aktie wie zum Beispiel die der *EM.TV* AG gekauft – weil er kein Vertrauen in das Management gehabt habe. Mehr sagt er meistens öffentlich nicht dazu. Allenfalls schimpft er über die üblen Machenschaften mit den frisierten Zahlen in manchen Firmenbilanzen, die auch Analysten getäuscht hätten. Ihn aber offensichtlich nicht.

Und es kommt auch noch das Gespür für den Markt und das vorausschauende Handeln dazu: Dass Heller im Frühjahr 2001 an erster und zweiter Stelle die Bereiche Versicherungen und Pharma favorisierte, ist sicherlich kein Zufall. Der Versicherungsbranche stehen gute Zeiten bevor, darauf kann jeder Anleger mit ein wenig Nachdenken selbst kommen. Ein Grund dafür ist, dass im Zuge der (angeblichen) Rentenreform und der künftig vom Staat bezuschussten privaten

Altersvorsorge dieser Markt einen gewaltigen Aufschwung erleben wird. An den künftig zum Beispiel in private Rentenversicherungen fließenden Anlegergeldern werden die entsprechenden Unternehmen gut verdienen. Also kann es kaum falsch sein, da auf gute Geschäftsentwicklungen und steigende Aktienkurse zu setzen.

Ebenfalls im Zusammenhang mit der Renten- und Gesundheitsreform wurden im Frühjahr 2001 nahezu täglich Alterspyramiden veröffentlicht. Auch die hätten Kleinanleger zu Überlegungen bringen können wie Heller. Denn daraus wurde erkennbar, dass die Zahl der Älteren ständig zunimmt und diese in der Krankenversicherung die höchsten Kosten verursachen. Folglich darf erwartet werden, dass die zunehmende Überalterung der Gesellschaft in Gesamt-Westeuropa auch den Arzneimittelbedarf steigen lassen wird. Begleitend dazu öffnet sich zunehmend ein Markt für neue Medikamente besonders gegen spezielle Altersleiden – gute Aussichten für Pharmawerte.

Mary Meeker: Wie die Königin des Internets vom Thron fiel

Mary Meeker galt als der Star unter den Beobachtern der Internet-Szene und war auf diesem Markt das Sprachrohr ihres Arbeitgebers, der Investmentbank *Morgan Stanley Dean Witter.* Im gleichen Maß, in dem sie durch immer neue und optimistischere Prognosen das Aktienfieber bei Internet- und Technologie-Werten anheizte, profitierte ihr Arbeitgeber, der zu den größten Emissionsbanken mit zahlreichen spektakulären Börsengängen in diesem Marktsegment gehörte. Unter anderem waren es ihre Einschätzungen und Hochjubeleien zu Internet-Händlern wie *Priceline.com* oder auch *Drugstore.com*, die dem Unternehmen viel Geld einbrachten. Eine Untersuchung von Thomson Financial Securities Data belegt dies: Danach

soll *Morgan Stanley Dean Witter* allein in den Jahren 1999 und 2000 rund 480 Millionen US-Dollar in diesem Investmentbanking-Bereich verdient haben.
Mary Meeker war so angesehen, dass sie sogar auf dem Weltwirtschaftsforum in Davos über den ihrer Ansicht nach immer weiter gehenden Anstieg der Internet-Werte parlieren durfte. Ein halbes Jahr später, als die Nasdaq schon um fast 60 Prozent gefallen war, ging schließlich auch Mary Meeker auf Tauchstation – nach einem letzten Fernsehinterview, in dem sie sich massiven Vorwürfen stellen musste, die von ihr kaum zu entkräften waren. Gut vorbereitet konnten ihr enttäuschte Anleger nachweisen, dass sie vor allem die von ihrem Arbeitgeber an die Börse gebrachten Werte mit weiter ungebrochenem Optimismus empfohlen hatte, als längst Gewinnwarnungen verfasst und Kursübertreibungen vom Markt korrigiert wurden.
Erklärungen für ihre Fehlprognosen allerdings hatte die zuvor als »Nummer eins aller Internet-Analysten« gefeierte Bankerin nicht. Lapidar berief sie sich darauf dass, jeder mal ein schlechtes Jahr haben könne und deshalb nicht gleich abgestraft oder verbannt werden dürfe. Ihre Erklärungsversuche gipfelten in der Aussage, auch sie wäre vom schlechten Abschneiden einiger der bisher von ihr propagierten Werte überrascht worden. Sie hätte wohl einige der Werte einfach zu lange empfohlen. Aber wie ist das zu bewerten, wenn ein Analyst, dessen eigener Arbeitgeber als Emissionsbank alle Zahlen kennen und tiefste Einblicke in das jeweilige Unternehmen haben sollte, einen Kursverlust von 96 Prozent wie z. B. bei *Priceline.com* nicht im Ansatz erkennt?
Mehr als eine untaugliche Ausrede scheint es auch nicht zu sein, wenn Mary Meeker die Ursachen für Kursverluste der von ihr besonders empfohlenen Aktien im allgemeinen Um-

feld ausgemacht haben wollte. Als entscheidende Faktoren führte sie z. B. die Unsicherheit über den Ausgang der US-Präsidentschaftswahl im Herbst 2000 an, die Abkühlung der Konjunktur in den Staaten oder auch Zinsentscheidungen der amerikanischen Notenbank. Aber sind es nicht gerade diese Konjunktursignale, die ein Analyst zumindest beachten und berücksichtigen sollte, wenn er offenbar schon nicht in der Lage ist, die ihm vorliegenden Zahlen eines Unternehmens richtig zu deuten?
Eine Entschuldigung an die Adresse der von ihr auf den falschen Weg geleiteten Anleger ist nicht bekannt. Wohl aber, dass Mary Meeker im Nachhinein die Anleger selbst für ihre Verluste verantwortlich machte. Sie hätten sich einfach auf zu riskante Investitionen eingelassen. Dass viele dies erst auf ihre Ratschläge hin taten – davon ist keine Rede. Und deshalb muss Mary Meeker als eines der Beispiele für Vertreter ihrer Zunft dienen, die entweder gar keine Ahnung von ihrem Job hatten oder die Anleger ganz offensichtlich und zum Wohle ihres Arbeitgebers zu täuschen versucht haben.

Elisabeth Weisenhorn: Vorsichtige Warnungen zur richtigen Zeit

Bis zum Sommer 2000 gehörte Elisabeth Weisenhorn zu den meist interviewten und von allen Medien gern als die führende Aktienexpertin Deutschlands gesehene Fondsmanagerin. Ehe sie sich mit einem eigenen Unternehmen in Frankfurt selbstständig machte, wurde sie wohl zu Recht als die mächtigste Frau der deutschen Finanzbranche bezeichnet. Vor ihrem Ausscheiden bei der *DWS*, der Fondsgesellschaft der Deutschen Bank, war Elisabeth Weisenhorn Leiterin des dortigen Fondsmanagements »Deutsche Aktien«. In dieser Eigenschaft verwaltete sie für die Anleger zuletzt über 14 Milliarden Mark, hatte ihnen mit dem Aktienfonds »Investa« Jahr

für Jahr regelmäßig 14 Prozent Rendite gebracht, und galt als die Frau, vor der selbst die mächtigsten Konzernbosse strammstanden, wenn schlechte Kursentwicklungen zu rechtfertigen waren.
Diese im Vergleich zur gigantischen Performance der Wachstumswerte eher bescheiden anmutende Entwicklung war eines der Themen, zu dem Elisabeth Weisenhorn im März 2000 in einem Interview mit dem Wirtschaftsjournalisten Matthias Müller-Michaelis Stellung nahm. Und unmittelbar vor dem beginnenden Niedergang der Wachstumswerte warnte sie in diesem Interview davor, durch Setzen auf vermeintlich ganz schnell den großen Gewinn bringende Werte, die Risikostreuung außer Acht zu lassen und damit zu rechnen, dass es gerade mit besonders hoch eingeschätzten Werten genauso steil nach unten gehen könnte. Auf die Nachfrage, wann sie denn einen Crash für wahrscheinlich halte, antwortete sie, dass die Zeit reif sein könnte für ein reinigendes Gewitter. Angesprochen auf die Möglichkeit eines weiter andauernden, langfristigen Aufwärtstrends bei den Internet-Werten, warnte sie unüberhörbar: »Es wird sich manches anders entwickeln, als wir alle erwarten.«
Noch bevor es die ersten Insolvenzen am Neuen Markt und Hinweise auf betrügerische Manipulationen an Zahlen und zu Geschäftserwartungen der dort notierten Unternehmen gab, warnte Elisabeth Weisenhorn vor dem Spiel mit Werten, die kein Anleger richtig durchschauen könne. Sie riet den Anlegern, sich sehr viel gründlicher als zu jener Zeit üblich mit Märkten, Managern und Zahlen zu beschäftigen. Aus ihrer Sicht hatten viele Newcomer bereits im Frühjahr 2000 nicht gehalten, was sie versprochen hatten.
Entsprechend vorsichtig fielen im Frühjahr 2000 auch die Empfehlungen von Elisabeth Weisenhorn für das Anlegerver-

halten aus. Und im Nachhinein betrachtet hätte, wer diesen gefolgt wäre, das ganz große Debakel in seinem eigenen Portfolio vermeiden können, riet sie doch ab von der weiteren Jagd auf Einzelwerte und empfahl stattdessen eine sehr breite Streuung, wie auch zum Einstieg in Biotech-Aktien. In das Segment also, das als einziges deutliche Kurssteigerungen aufzuweisen hatte, während alle Internet- und auch Standardwerte den Weg nach unten nahmen und übers Jahr per Saldo im Minus landeten.

Ebenfalls richtig war ihre Warnung vor allzu großen Neuengagements in Einzelwerten. Gerade den Kleinanlegern mit eher bescheidenen Möglichkeiten zum Kapitaleinsatz riet sie zu dem, was in dieser Zeit gar nicht »hipp« war – zu Sparplänen mit Standardwerten und einem Anlagehorizont von fünf bis sieben Jahren. Das wären zwar keine Kursraketen, aber die Anleger könnten ruhig schlafen und sich am Ende über satte Renditen freuen. Deshalb ließ sich Elisabeth Weisenhorn als Fürsprecherin der langfristigen und nicht überspekulativen Anlagestrategie auch nicht aus der Ruhe bringen, als sie im Frühjahr 2001 auf die zu der Zeit nicht besonders gute Entwicklung der von ihr gemanagten Weisenhorn-Fonds angesprochen wurde. Denn schlechter als andere hatten diese den Niedergang der Kurse auch nicht überstanden. Und für eine Bewertung ihrer da noch kein Jahr alten Fonds war es ihr ohnehin zu früh: »Ich will langfristig überdurchschnittlich sein.« Und das wird die Zukunft zeigen.

Wassili Papas: Mahnungen statt blinder Pusherei

Wassili Papas, Fondsmanager bei *Union Investment* in Frankfurt, ist einer der Aktienexperten in Deutschland, deren Namen man sich merken sollte. Denn im Gegensatz zu anderen Vertretern der Geldzunft hat sich Papas auch in absoluten

Boomzeiten nicht durch blinde Kaufempfehlungen, sondern sehr differenzierte Betrachtungen und einen verhaltenen Optimismus ausgezeichnet. Gerade in der besonders schwierigen Phase des Jahreswechsels 2000/2001 zeigte er als einer der ganz wenigen richtiges Gespür und warnte die Anleger vor verfrühten Neueinstiegen und Nachkäufen – bevor im Frühjahr 2001 die Wachstumswerte noch einmal auf Talfahrt gingen. Zu einer Zeit, als andere mit der pauschalen Ansage »Das Schlimmste ist vorbei« auch den Kleinanlegern rieten, die günstigen Kurse nicht zu versäumen und zu ordern.

Mit welch sicherem Gespür Wassili Papas das sich im Jahr 2001 zeigende Geschehen mit noch einmal deutlich nachgebenden Indexständen beim Dax und vor allem aber am Neuen Markt einschätzte, geht aus einem Gespräch hervor, das er im Februar 2001 mit dem Wirtschaftsjournalisten Matthias Müller-Michaelis führte. Den von nahezu der gesamten Branche spätestens für das zweite Quartal des Jahres erwarteten Aufschwung konnte Papas keineswegs erkennen. Er riet den Anlegern, ihr Pulver trocken zu halten und noch abzuwarten. Ein sehr guter Tipp, wie sich im Nachhinein herausstellte.

Völlig richtig war auch die Einschätzung Papas', dass auch zu jener Zeit einige Unternehmen am Neuen Markt weiterhin qualitative Schwächen aufzeigten und die versprochenen Wachstumsraten auch in einem positiven Wirtschaftsumfeld nicht eingehalten werden könnten. Und Papas behielt Recht mit seinem Abraten von Telekommunikationswerten. Kurz nach dem Interview kamen nämlich Gewinnwarnungen und Ausverkaufsmeldungen auch von jenen Unternehmen am Neuen Markt, die bislang als solide Werte gegolten hatten.

Für die weniger geübten Aktieneinsteiger besonders erfreulich ist, dass Papas seine Einschätzungen und die erforderlichen Zusammenhänge in einer Weise begründen und erläutern kann, die auch für breite Anlegerschichten verständlich und nachvollziehbar sind. Das zeigt sich an Papas ebenfalls richtiger Prognose zu den Biotech-Werten, die nach der Jahreswende 2000/2001 von vielen als sicherer Hafen für ihre Engagements angesehen wurden. Papas sagte wörtlich: »Wir sind ziemlich sicher, dass es die Biotechnologie nicht sein wird, die in diesem Jahr die beste Performance bietet.« Die leicht nachvollziehbare Begründung war der Verweis auf die Notlage, in der sich manche Fondsmanager beim freien Fall anderer Wachstumswerte befanden. Weil sie einerseits verpflichtet waren, das Geld der Anleger in Werte des Neuen Marktes zu investieren, Internet- und Technologie-Aktien aber keine Zukunft versprachen, blieben nur die Biotech-Werte als Ausweichlösung. Der von Papas richtig erkannte und den Anlegern erläuterte Effekt: Nicht die eigene Stärke hätte Biotech-Aktien nach vorn gebracht und die meisten Werte wären deshalb bereits überteuert.

Einen ganz eigenen Stil wies auch der Ratschlag von Wassili Papas zur Mischung des Portfolios auf. Ihm zufolge sollten Unternehmen des Neuen Marktes nur einen sehr geringen Teil des Aktienportfolios ausmachen. Papas im Februar 2001: »Mehr als 5 bis 10 Prozent des Aktienkapitals würde ich dort momentan nicht investieren.« Wären die Anleger ihm doch nur gefolgt. Viele Enttäuschungen wären ihnen erspart geblieben.

Banken, Unternehmen, Analysten – unheilvolle Allianzen

Ob die Aktienkurse steigen oder nicht, ob ihre Empfehlungen an die Anleger stimmen oder nicht – den Banken kann es eigentlich egal sein. Jeder Handel mit Aktien, jeder Börsengang eines neuen Unternehmens wird für sie zum Geschäft mit positivem Ausgang. Und die Moral, die das Geschäftsgebaren im Geldgewerbe bestimmt, hat sich seit den Zeiten Bertolt Brechts nicht geändert – im Gegenteil. Seine Überlegung, was wohl verwerflicher wäre, eine Bank zu überfallen oder eine Bank zu eröffnen, hat auch im ersten Jahrtausend nach Brecht nichts an Aktualität eingebüßt.

Dies wurde besonders deutlich, wenn man sich nach dem für die Anleger katastrophalen Zusammenbruch der Märkte die Bilanzen der Banken anschaute. Während die Anleger bis zum Ende des Jahres 2000 teilweise Kursrückgänge bis über 70 Prozent zu verdauen hatten, vermeldeten die größten deutschen Banken Gewinnsprünge um knapp 40 *(Commerzbank)* bis fast 400 Prozent *(HypoVereinsbank)*. Aus den Bilanzen war klar zu erkennen, dass dieses Gewinnwachstum eindeutig aus dem Investmentbanking stammte und somit auf den Börsenboom zurückzuführen war. Denn da hatte der Provisionsüberschuss im Jahresvergleich bei den großen Geldhäusern zwischen 36 *(HypoVereinsbank)* und 46 Prozent (*Deutsche Bank*) zugenommen – obwohl schon das Jahr zuvor deutliche Gewinnzuwächse gebracht hatte.

Für Banken lukrativ – Börsengänge

Selbst für den weniger informierten Anleger ist klar, dass die Banken an jedem Aktiengeschäft allein durch die normale Provision verdienen. Aus der Sicht der Banken kann es sich bei diesen Erträgen durch bloßen Handel allenfalls um Kleinigkeiten handeln. Das große, schnellere und deshalb lukrativere Geschäft winkt immer im Zusammenhang mit Börsengängen. Wen wundert es also, dass gerade am Neuen Markt eine Vielzahl von Firmen platziert wurden, bei denen weniger der langfristige Geschäftserfolg des Unternehmens und der Anlageerfolg für die Investoren im Vordergrund standen, sondern die Provisionen der beteiligten Geldhäuser. Denn im Normalfall hat eine Bank gleich dreimal die Möglichkeit, Geld in die eigenen Kassen zu lenken:

1. Die erste und meistens den größten Gewinn bringende Aktivität der Bank ist eine vorbörsliche Beteiligung an dem Unternehmen, dessen Neuemission sie betreut. In der Praxis funktioniert dies so, dass sich die Bank Anteile des Unternehmens sichert, deren Wert zu diesem Zeitpunkt praktisch nichts mit dem späteren Wert eines Anteils bzw. einer Aktie zu tun haben muss. Angenommen, die Bank beteiligt sich zu 20 Prozent an dem Unternehmen, dann gehört ihr nach dem Börsengang ein entsprechend großer Anteil an den neu ausgegebenen Aktien. Und nun muss man sich mal fragen, wie objektiv ein Großaktionär wohl gegenüber seinem eigenen Engagement sein kann. Es liegt daher in ihrem ureigensten Interesse, den Aktienkurs zu hegen und zu pflegen. Je besser sich der entwickelt, desto größer ist der Gewinn, den die Bank beim späteren Verkauf des Aktienpakets erlösen kann.
2. Die zweite Verdienstmöglichkeit und dazu noch eine mit

Garantie stellt die Beratungsprovision für das Institut dar. Beratung des Unternehmens und Organisation bzw. technische Abwicklung des Börsengangs wird natürlich nicht zum Nulltarif geboten. Dafür streicht das Geldhaus im Schnitt einen Betrag ein, der im Mittel 5 Prozent des Emissionsvolumens ausmacht. Im Interesse der Bank ist es daher, das Emissionsvolumen so hoch wie möglich zu treiben.

3. Als dritte Verdienstmöglichkeit mit hervorragenden Gewinnspannen bietet sich der ominöse »Greenshoe« an, von dem im Zusammenhang mit Börsengängen oft die Rede ist. Dahinter verbirgt sich das Recht der Bank, bei entsprechend hoher Nachfrage weitere Aktien des Unternehmens anzufordern und auf den Markt zu bringen. Und wiederum gilt die Regel, dass der Gewinn umso höher ausfällt, je größer die Nachfrage und die Kurssteigerung sind.

Von großem Nutzen für die Bank ist also, das Unternehmen so positiv wie möglich darzustellen, um eine entsprechend hohe Nachfrage beim Börsengang auszulösen und die Kurse anschließend in größtmögliche Höhen zu treiben.

Die Interessen der Bank beim Börsengang im Überblick

Ziel	***Maßnahmen/Strategien***
Auftrag zum Börsengang	Bewerbung beim Unternehmen mit Zusicherung eines hohen Emissionserlöses – deshalb keine Kritik an den Zahlen des Unternehmens, sondern Tendenz zu bereitwilliger Zahlenkosmetik und Korrektur nach oben
Hohe Provision durch Börsengang und Greenshoe	Erzielung eines möglichst hohen Ausgabepreises – deshalb großes Eigeninteresse an positiver Unternehmensdarstellung und dem Herbeirechnen eines hohen Firmenwertes und Erzeugung einer großen Nachfrage zur Aktienzeichnung

Ziel	*Maßnahmen/Strategien*
Hohe Kursgewinne aus Eigenbeteiligung	Maximaler Kursgewinn bei Verkauf eigener Aktienpakete – deshalb Maßnahmen zur Kurspflege durch Stützungskäufe oder positive Unternehmensdarstellungen zumindest bis zum Ablauf der Haltefrist von Aktien für Alteigentümer, zu denen auch die Bank gehört

Die fragwürdige Moral der Banken

Warum sich Banken so sehr bei den Börsengängen vertun, auf windige Unternehmen hereinfallen, falsche Zahlen nicht bemerken oder einen viel zu hoch angesetzten Firmenwert nicht durchschauen – die Antworten darauf sind nicht so schwer – wie wir gezeigt haben. Je windiger das Unternehmen, desto größer fällt der Gewinn aus, der sich mit ein bisschen Kosmetik und Politur erzielen lässt.

Natürlich ist das unseriös. Und es hat nichts mit der sorgfältigen Geschäftspraktik des ehrbaren Kaufmanns zu tun. Der käme nie auf die Idee, um des schnellen Gewinns wegen seine Kunden auch nur in annähernd derselben schäbigen Weise zu verhöhnen, wie es die Banken tun. Es kann nicht damit getan sein, sich auf falsche Unternehmensangaben zu berufen, um die eigenen Hände in Unschuld zu waschen, wie Banker es so gerne tun. An drei Beispielen soll dies gezeigt werden – stellvertretend für viele. Aber sie sind auch aus ganz besonderen Gründen interessant: Weil zwischen der Börseneinführung und dem Tag, wo die Seifenblasen platzten, nur eine besonders kurze Zeitspanne lag. Und weil sie Börseneinführungen betrafen, die nach dem bereits beginnenden Niedergang am Neuen Markt erfolgten und schon bekannt war, dass sich hinter dem »Going Public« oft nur Bauernfang und Nepp verbergen.

- Vom Bankhaus *Merck Finck & Co* wurde im Juli 2000 der Computerhersteller *Allgeier* an die Börse gebracht: 1,25 Millionen Aktien zum Emissionspreis von 22,50 Euro. In den ersten Tagen nach der Börseneinführung stieg das Papier auf 27,50 Euro. Aber nicht mal drei Monate danach musste bereits kleinlaut zugegeben werden, dass die ehrgeizigen Geschäftsziele nicht zu erreichen waren, mit denen noch kurz zuvor die Anleger geködert wurden. Die Aktie ging in den Sturzflug und landete bei rund 5 Euro, wo sie auch noch im Sommer 2001 herumdümpelte. Rund 80 Prozent Verlust bedeutete das für die Anleger – das waren 44 Millionen Mark.
- Unter der Konsortionalführerschaft von *DG Bank*, Robertson Stephens und *Enskilda Securities* wurden am 21. Juli 2000 die Aktien der Internet-Einkaufsgemeinschaft *Letsbuyit.com* verspätet in den Neuen Markt der Frankfurter Wertpapierbörse eingeführt. Zweimal war der Börsengang mangels Interesse bereits verschoben worden. 3,5 Euro mussten die Anleger als Zeichnungspreis ausgeben, insgesamt wurden Aktien für 66 Millionen Euro unters Volk gebracht. Nach einem Vierteljahr wurde die trotz des Erlöses aus dem Börsengang dramatische Geldknappheit des Unternehmens bekannt und der Vorstandsvorsitzende machte sich vergeblich auf Partnersuche. Zur Jahreswende und nur sechs Monate nach dem Börsengang stand die Firma vor dem Bankrott; sie meldete Zahlungsunfähigkeit an. Zwar wurden danach Auffanglösungen eingeleitet und neue Geldgeber gefunden. Aber für die Anleger ist dies ein schwacher Trost, denn der Kurs erholte sich kaum, stand bei Redaktionsschluss dieses Buches nur noch bei rund 0,3 Euro – ein Verlust innerhalb eines knappen halben Jahres von über 60 Millionen Euro.

- Von der *HypoVereinsbank* und unter Beteiligung der *DG Bank* wurden im Oktober 2000 über drei Millionen Aktien der Nürnberger Internet-Werbefirma *Ad Pepper* zu einem Ausgabepreis von 17 Euro unters Volk gebracht. Nach nur zwei Monaten hatten sich 85 Prozent des der Emission zugrunde liegenden Unternehmenswertes in Luft aufgelöst, was einer Summe von über 300 Millionen Mark entsprach. Hauptgrund dafür war, dass die prognostizierten Geschäftsergebnisse für das Jahr 2000 (zum Zeitpunkt der Emission immerhin schon zu drei Vierteln vorbei) nur wenige Wochen nach dem Börsengang um 40 Prozent zurückgenommen werden mussten. Für den Kursrutsch auf weniger als 2 Euro noch entscheidender war wohl das mit der Zahlenkorrektur verbundene Schwinden jeglichen Vertrauens in die Führung des Unternehmens. Denn trotz der deutlichen Rückgänge fürs laufende Jahr hielt man an den Zahlen für die Zukunft fest. Dies glaubten selbst die optimistischsten Anleger nicht mehr, hätte dies doch innerhalb von nur zwei Jahren eine Umsatzsteigerung von rund 500 Prozent bedeutet. Eine Größenordnung, die allein schon wegen des zu jener Zeit auf breiter Front wegbrechenden Internet-Geschäfts mehr als illusorisch war.

Das verderbliche Spiel mit Zahlen

Eine Aufzählung absoluter Flops nach Börsengängen im Jahr 2000 ließe sich beliebig fortsetzen. Denn wie in den drei genannten Beispielen stellten sich die Entwicklungen zahlreicher weiterer Unternehmen dar, zu denen *Intraware* ebenso gehörte wie *update.com*. Auch da lösten sich innerhalb von sieben bzw. acht Monaten über 90 Prozent des Firmenwertes durch die aktuelle Kursentwicklung in Luft auf. Bei *up-*

date.com zum Beispiel revidierte der Vorstand bereits drei Monate nach dem Börsengang die viel zu optimistischen Prognosen nach unten. Und dabei blieb es nicht. Eine weitere Korrektur der Planzahlen erfolgte. Der selbst ernannte »führende europäische Anbieter von Customer-Relationship-Management-Lösungen« entpuppte sich als Hinterhof-Firma.
Ähnlich dubios war die Entwicklung bei der bereits 1995 gegründeten *mediascape communications AG*, die im Mai 2000 an die Börse ging. Der Geschäftszweck: Mittels Richtfunktechnik wird die Möglichkeit geboten, mit mehr als 2000facher ISDN-Geschwindigkeit im Internet zu surfen oder zu telefonieren. Warum aber zeigten sich die Schwierigkeiten der Geschäftsidee trotz fünfjährigen Firmenbestehens erst, als die Anleger viel Geld investiert hatten? Denn da, nach dem Börsengang, stellte sich heraus, dass es mit der aufwändigen Technologie Probleme gab und wegen der hohen Kosten kaum eine Akzeptanz beim in Frage kommenden Kundenkreis zu erzielen war. Innerhalb von nur fünf Monaten nach der Emission wurde klar, dass angesichts der hohen Investitionen in die Technik ein Erreichen der Gewinnschwelle kaum zu errechnen war. Die Aktien verloren in nur rund einem halben Jahr 90 Prozent ihres Wertes.
Mag man in diesen Fällen den beteiligten Banken mangelnde Fachkenntnis zugute halten, kann davon bei dem Online-Reisedienstleister *Travel24.com* kaum die Rede sein. Das Unternehmen aus München ist Betreiber eines Internet-Portals, über das Endverbraucher Reisen, Flüge und Hotels buchen können. Leicht verständlich für jedermann – und ebenso leicht erkennbar, dass zum Börsengang von *Travel24.com* bereits von vielen anderen Gleiches angeboten wurde, das Konkurrenzumfeld also hoch und die Geschäftsidee gar nicht originär war.

Das Geschäft mit den Börsengängen – nur drei Banken können eine positive Erfolgsbilanz vorweisen

Emissionsbank (Konsortialführer)	*Erfolgsquote (in Prozent)*	
	Angegeben ist, wie sich der Aktienkurs von Neuemissionen seit 1997 bis zum Frühjahr 2001 entwickelt hat, es lagen	
	über Emissionspreis	**unter** Emissionskurs
BHF-Bank	61,5	38,5
Deutsche Bank	58,7	41,3
Goldman Sachs	57,9	42,1
Dresdner Bank (Dresdner Kleinwort Bensen)	41,5	58,5
Baader Wp-Bank	38,5	61,5
HypoVereinsbank	34,4	65,6
Sal. Oppenheim	26,3	73,7
WestLB Panmure	25,9	74,1
Gontard & Metallbank	25	75
HSBC Trinhaus & Burkhardt	25	75
DG Bank	23,1	76,9
Commerzbank	22,9	77,1

Quelle: Livingston-Research auf Basis der Kurse in der 7. KW/2001

Erschwerend kam hinzu, was jeder Sparkassen-Mitarbeiter aus dem Tagesgeschäft mit Reiseagenturen und den Branchenberichten kennen müsste, den Banken bei der Börseneinführung aber merkwürdigerweise nicht auffiel: Die in der Verkehrs- und Touristik-Branche erzielbaren Gewinnmargen sind sehr niedrig. Also passierte, was bei kurzem Nachdenken über das Geschäftsmodell sich jeder hätte denken können: Es gab kaum Interesse an diesem Reiseportal – und nach nur drei Quartalen waren rund 90 Prozent des Firmenwertes verbrannt. Die Aktie mit einem Ausgabekurs von 29 Euro hatte nach einem kurzen Anstieg auf 32 Euro bis zum Frühjahr 2001 eine Talfahrt mit Abstechern sogar noch unter die Marke von 2 Euro zurückgelegt.

Bleibt die Frage, wo der Sachverstand der beteiligten Bank geblieben war? Das war die *Commerzbank* und man braucht nicht annehmen, dieses Haus hätte keine Möglichkeiten zur Überprüfung oder Durchleuchtung des Geschäftsmodells gehabt. Eine Antwort wäre, dass es gar kein Interesse gab, die Geschäftsidee des Reiseportals zu durchleuchten oder das vorgelegte Zahlenwerk kritisch in Frage zu stellen.

Wie auch beim Internet-Portal *Web.de*, das die *Commerzbank* als Konsortionalführer im Februar 2000 an die Börse brachte und mit reichlich Vorschusslorbeeren bedachte. Ihre Prognose, wonach »das Unternehmen überdurchschnittlich am Wachstum des Internet-Marktes partizipieren« würde, platzte gleichfalls. In diesem Fall betrug der Verlust eine dreiviertel Milliarde Euro. Hatte die Bank den Unternehmenswert zur Emission noch auf fast 1 Milliarde Euro geschätzt, betrug der Börsenwert zum Ende des Emissionsjahres nicht mal mehr 500 Millionen Euro.

Bei solchen Fehleinschätzungen verwundert es nicht, dass auch bei Erfolgsstatistiken der Emissionsbanken die *Commerzbank* eine besonders unrühmliche Rolle gespielt hat. Von 35 ausgewerteten Börsengängen wurde kaum jeder vierte zu einem mittelfristigen Erfolg für die Anleger.

Banken buhlen um das Emissionsrecht

Wenn man bedenkt, wie penibel Banken gegenüber Normalkunden vorgehen, die ein Darlehen aufnehmen wollen, lässt sich das großmütige Verhalten bei Emissionen nur mit Erstaunen registrieren. Egal ob für das neue Auto oder zur Finanzierung von Wohneigentum: Man wird zu einem finanziellen Striptease gebeten, bis der »gläserne Kunde« auch das allerletzte Finanzgeheimnis gelüftet hat.

Merkwürdig, dass die Banken so viel Durchblick nur verlangen, wenn es um ihr eigenes Geld und ihre Kreditrisiken geht. Handelt es sich jedoch um das Risiko, welches allein die Anleger beim Zeichnen von Neuemissionen oder dem Einstieg in besonders empfohlene Werte zu tragen haben, scheinen ihnen die entsprechenden Unternehmensdaten völlig egal.

Warum das so ist, wird jedem klar, der das Rennen der Banken um den Zuschlag für eine Neuemission einmal aus der Nähe betrachtet hat. Am Anfang eines jeden Börsenganges steht nämlich der so genannte »Beauty-Contest«. Auf der Bühne präsentieren und den Juroren stellen muss sich aber nicht etwa das Unternehmen, welches mit der Ausgabe von Aktien Geld bei den Anlegern einsammeln will, sondern die Kandidaten sind die Banken und die Jury besteht aus dem Vorstand des Börsenaspiranten.

Im Normalfall läuft dieser Wettbewerb so ab, dass diverse Bankenteams als Konsortium oder auch einzelne Geldhäuser antreten, um das Wohlwollen des am Börsengang interessierten Unternehmens zu gewinnen. Selten haben die Banken länger als eine Stunde Zeit, ihre Ideen und Vorstellungen für die Neueinführung zu präsentieren. Dabei stützen sie sich nicht auf eigene Recherchen oder Analysen, sondern arbeiten ausschließlich mit den vom Unternehmen vorgelegen Zahlenwerken.

Gar nicht gut wäre es, wenn ein gewissenhafter Banker Schwachstellen aufdeckt oder gar Fehler entlarvt. Sicher kommt es vor, dass die Banken auch mal die eine oder andere Frage zum Businessplan des Unternehmens stellen – aber nur nicht zu kritisch. Denn den Zuschlag für das lukrative Geschäft des Börsengangs erhält letztlich die Bank oder das Banken-Konsortium, welches dem Vorstand das größte Emissionsvolumen und die besten Strategien zur anschließend eventuell erforderlichen Kurspflege versprechen kann.

Auch die Fondsgesellschaften spielen hier eine Rolle. Jede Bank hat ihre eigene oder ist fest mit einer Investmentfirma verbandelt. Ganz egal, ob es sich um die *Adig (Commerzbank), Deka (Sparkassen), DIT (Allianz/Dresdner Bank), DWS (Deutsche Bank)* oder *Union Invest (Volks- und Raiffeisenbanken mit Zentralinstituten wie DG Bank)* handelt. Das sind die fünf größten, die rund 80 Prozent des gesamten Vermögens verwalten, welches Anleger den im Bundesverband Deutscher Investmentgesellschaften zusammengeschlossenen Unternehmen anvertraut haben. Die *DWS* ist mit rund 23 Prozent Marktanteil das größte Investment-Unternehmen.

Sind Stützungskäufe nötig, ist es immer gut, eine vermögende Investmentgesellschaft im Hintergrund zu haben. Egal, wie unabhängig deren Manager auch vom Management ihrer Mutterbank sein wollen: Wenn der Manager einer Investmentgesellschaft große Mengen Aktien eines Unternehmens aus seinem Portfolio auf den Markt wirft, ist der Einfluss auf die Kurse leicht vorstellbar. Man benötigt nicht viel Fantasie, um sich vorzustellen, wie oft dieser Manager sich Aktionen erlauben darf, die gegen die vitalen Interessen seines Unternehmensverbundes verstoßen.

Das Pokerspiel der Unternehmen

Beim falschen Börsenspiel agieren gelegentlich Unternehmen mit Manipulationen, die am Ende die Staatsanwälte auf den Plan rufen.

So geschehen zum Beispiel bei der Augsburger *Infomatec AG*. Das Unternehmen hatte einen Zukunftsmarkt als Geschäftsidee entdeckt, den Internet-Zugang über das TV-Gerät im heimischen Wohnzimmer. Der Geschäftszweck der Firma sollte die Entwicklung und Lieferung von Software sowie Hardware-Boxen für den Aufbau einer solchen Verbindung sein. Im Herbst sowie im Winter 1999 kündigte das Unternehmen an, zwei Großaufträge mit einem Volumen von zusammen über 50 Millionen Euro erhalten zu haben.

Entsprechend hoch wurden bis April 2000 die Umsatzerwartungen für das laufende Jahr angesetzt – ein Volumen von 90 bis 100 Millionen wurde angepeilt. Nur knapp vier Monate später wurden diese Zahlen um die Hälfte gekürzt, und es stellte sich heraus, dass der Auftrag eine Finte war. Es gab lediglich eine Absichtserklärung, gemeinsam mit einem anderen Unternehmen solche Stationen für den Internet-Zugang zu vermarkten. Vier Wochen später meldete die *Infomatec AG*, aus dem zweiten angeblich erteilten Großauftrag wären keine weiteren Umsätze mehr zu erwarten. Schuld sei der Vertragspartner. Wenig später liefen die Strafanzeigen wegen Verdachts auf Kursmanipulation und Insiderhandel. Anfang Mai 2001 wurde das Insolvenzverfahren eingeleitet ...

Ausgerechnet der direkte Konkurrent von *Infomatec* versuchte ein gleichfalls böses Spiel: die in Hildesheim ansässige *Met@box AG*. Der Kurs des im Juli 1999 an die Börse gegangenen Unternehmens dümpelte bis Frühjahr 2000 unter der Marke von 10 Euro. Bis zum April 2000, als ein Aktiensplit in Verbindung mit der Ausgabe von neuen Anteilsscheinen sowie die Ankündigung eines Großauftrages über eine halbe Million Surf-Boxen fürs Internet endlich Schwung in den Kurs brachten. Als dieser vier Monate später einzubrechen drohte, wiederholte sich die Geschichte mit dem Großauftrag. Nun sollten angeblich 1,8 Millionen Boxen bestellt worden sein. Der Kurs der Aktie sprang förmlich über die Grenze von 30 Euro. Das muss dem Vorstand so gut gefallen haben, dass eine weitere Order vermeldet wurde: diesmal eine halbe Million Boxen, was den Kurs auf seinen Spitzenwert von fast 42 Euro trieb.

Lohnend war das vor allem für die Vorstandsriege des Unternehmens. Die konnten sich zu Vorzugspreisen von weniger als einem halben Euro mit Aktien ihres Arbeitgebers eindecken. Dumm nur, dass es sowohl verbindliche Verträge als auch zahlungsfähige Vertragspartner nicht gab. Aber wer hätte auch die Produkte verbindlich bestellt, ohne jemals eines gesehen zu haben. Erst im Dezember 2000 wurde eine Testversion vorgestellt und im zweiten Quartal 2001 sollte die Fertigung von Kleinstserien beginnen – aber dazu kam es nicht. Im Mai 2001 war das Unternehmen zahlungsunfähig und es wurde Insolvenzantrag gestellt.

Interessant ist, dass im Juni 2001 ein neues Vorstandsmitglied berufen wurde. Es stellte sich schnell heraus, dass dieser Mensch unter seinem Pseudonym »Janphil« schon seit langem kräftig die Werbetrommel für *Met@box* gerührt hatte – in den so genannten Brokerboards im Internet. Dort hatte er der Aktie des Unternehmens eine glänzende Zukunft vorausgesagt. Wir haben weiter oben bereits vor den heißen Insidertipps in solchen Foren gewarnt.

Eine hilflose Aufsicht fördert Nepp und Betrug

Vorstände von Aktiengesellschaften machen hervorragende Deals im direkten zeitlichen Zusammenhang mit Ad-hoc-Meldungen ihres Unternehmens, die sich auf die Kurse auswirken. Gurus empfehlen in Spezialblättchen oder im Fernsehen irgendwelche Raritäten-Aktien, bei denen auch kleinere Orders die Kurse sofort in die Höhe katapultieren können. Es ist völlig klar, dass sich in solchen Fällen vorhandenes Wissen auf unlautere Weise in eigene finanzielle Vorteile ummünzen lassen kann. Deshalb sind ja auch Insidergeschäfte, für die der Wissensvorsprung gegenüber allen anderen Marktteilnehmern ausgenutzt wird, in den meisten Ländern und natürlich auch bei uns verboten.
Für sie ist es ein beruhigendes Gefühl, dass die Augen des Gesetzes auch den Aktienhandel und die Insider genau im Visier haben. Staatsanwälte durchsuchten Redaktionsräume von Anlegerpostillen wie *»Der Aktionär«*. Sie ermittelten gegen den ehemaligen TV-Guru Egbert Prior von der *3Sat*-Börse. Doch dürfen Nachrichten über Ermittlungen oder Durchsuchungen nicht darüber hinwegtäuschen, dass in den meisten Fällen nichts passiert. Meist mangelt es an den letzten Beweisen. Die fehlten im Falle eines Mitarbeiters von *»Der Aktionär«* bis zum Redaktionsschluss dieses Buches. Auch Egbert Prior, 1999 noch als Prophet des Neuen Marktes gefeiert, kam ohne strafrechtliche Verfolgung davon. Es mangelte an rechtsgültigen Nachweisen für einen Verstoß gegen die Insiderregeln.

Viele Überprüfungen – wenig konkrete Beweise

Zuständig für die Einhaltung der Regeln ist das Bundesaufsichtsamt für den Wertpapierhandel (BAWe). Aber das führt einen fast aussichtslosen Kampf gegen die Abgreifer, die mit ihrem Insiderwissen Kasse machen können. Die Aufseher müssen konkret nachweisen, dass die Eingeweihten unmittelbar vor oder nach der Bekanntgabe von Ad-hoc-Meldungen abgesahnt haben.

Das Prinzip ist denkbar einfach. Eine Meldung über neue Geschäftsabschlüsse (auch wenn die letztlich falsch ist) lässt den Kurs der Aktie im Normalfall steigen. Wer vorher Kenntnis von der Meldung hat, kann sich rechtzeitig mit billigen Aktien eindecken. Löst die Veröffentlichung die erwartete Nachfrage aus und steigt der Kurs, können dieselben Papiere mit Gewinn sofort wieder verkauft werden. Ebenso ist es bei Gewinnwarnungen. Wer unmittelbar vor deren Verlautbarung seine Aktien abstößt, kann Kasse machen und eventuell vorhandene Gewinne retten, bevor die Kurse einbrechen.

Ein typisches Zeichen für Insidergeschäfte sind normalerweise Handelsauffälligkeiten im zeitlichen Umfeld der Ad-hoc-Meldungen. Steigen kurz vorher die Umsätze bzw. die bewegten Stückzahlen im Handel deutlich an und brechen aus den durchschnittlichen Größen aus, ist zumindest ein Anfangsverdacht gegeben. Aber den zu erhärten ist eine Sisyphos-Arbeit für das Aufsichtsamt – fast nicht zu bewältigen. Denn dazu müssten die täglichen Ad-hoc-Meldungen aller Unternehmen abgeglichen werden mit den täglich 1,2 Millionen registrierten Wertpapiergeschäften und den pro Quartal bis zu 300 Hinweisen von Anlegern auf ihrer Meinung nach unerklärlichen Kursbewegungen oder Handelsvolumina im Umfeld von Veröffentlichungen.

Die Erfolgsbilanz ist entsprechend mager: In den ersten drei Quartalen des Jahres 2000 wurden 23 Untersuchungen eingestellt und knapp 40 neue Verfahren eingeleitet. Doch selbst erkennbare Merkwürdigkeiten wie bei *EM.TV* oder im Juni 2001 im Zusammenhang mit der Gewinnwarnung und dem

Insolvenzverfahren der *Kabel New Media* besagen allein noch gar nichts. Denn das Aufsichtsamt muss beweisen, dass der Insider beim Kauf oder Verkauf tatsächlich sein Wissen ausgenutzt hat. Das aber ist kaum nachweisbar – denn es könnte sich ja auch um zufällige Orders handeln.

Die deutsche Aufsicht ohne abschreckende Wirkung

Angesichts der viel zu dünnen Personaldecke von 140 Mitarbeitern im Jahr 2000 und der Flut von Überprüfungen, sieht praktisch kein Marktteilnehmer an den deutschen Börsen in dieser Aufsicht eine schlagkräftige Truppe, die allein schon durch ihre Präsenz abschreckende Wirkung auf die Insider ausüben könnte. Auch fehlen ihr die polizeilichen Befugnisse: Das Amt soll nur recherchieren, darf keine Verhöre führen oder Beschlagnahmungen veranlassen – dazu muss es seine Ermittlungsergebnisse an die Staatsanwaltschaft abgeben. Schließlich ist das Amt auch eine Verwaltungsbehörde, die an allen deutschen Börsen z. B. die Wertpapierhändler überwacht, meldepflichtige Veränderungen von Stimmrechtsanteilen bei Aktiengesellschaften prüft und Verkaufsprospekte für nicht an den Börsen gehandelte Wertpapiere verwalten soll.
Kein Trost ist, dass zwei weitere Kontrollinstanzen dem Aufsichtsamt zuarbeiten und ebenfalls für saubere Geschäfte sorgen sollen, die Börsenaufsicht der jeweiligen Landesregierung und die Handelsüberwachungsstelle, eine Selbstkontrolle an jedem Börsenplatz. Auch bei denen stellen die Überwachung der börsenrechtlichen Vorschriften und die Einhaltung der Insiderregeln nur einen Teil eines ganzen Aufgabenkatalogs dar. Aber so wenig schlagkräftig die Kontrolle auch ist – Überlegungen auf politischer Ebene gibt es trotzdem nicht, Änderungen zum Wohle der Anleger herbeizuführen. Obwohl ein Blick nach den USA zeigen kann, wie effektiv gearbeitet wer-

den könnte – wenn man es denn nur wollte und das rechtliche Instrumentarium dafür installierte.

Die amerikanische SEC – eine wirkungsvolle Kontrolle

Anders als bei uns handelt es sich bei der amerikanischen Securities and Exchange Commission (SEC) um eine echte Börsenpolizei. Sie ist seit 1934 aktiv, während in Europa vergleichbare Einrichtungen erst viel später geschaffen wurden, so z. B. in der Schweiz 1988 und in Deutschland 1994. Die Mitarbeiter der US-Behörde arbeiten quasi öffentlich, sie stellen unter anderem ihre Prüfungsergebnisse zu den Geschäftsberichten der kontrollierten Firmen für jeden Anleger einsehbar ins Internet (www.sec.gov). Zu dieser Transparenz gehört auch, dass in den USA viel schärfere Veröffentlichungsvorschriften über Aktienverkäufe von Managern des jeweiligen Unternehmens bestehen, die von der SEC genauestens überwacht werden. Dadurch kann der Anleger erkennen, wann Manager das Vertrauen in die Aktienkurse ihres eigenen Unternehmens verlieren. Für deutsche Anleger bedeutet dies: Die Chancen, dass bei einer auch an US-Börsen gehandelten Aktie gemauschelt wird, sind erheblich geringer, als bei nur in Deutschland gehandelten Aktien.
Angesichts der Strafen, die von der SEC für Regelverstöße verhängt werden können, ist es kein Wunder, dass auch die größten Investmentbanken vor Ermittlungen der amerikanischen Börsenpolizei zittern. So etwa Ende Juni 2001, als im Zusammenhang mit Unregelmäßigkeiten bei Neuemissionen neun Banken ins Visier der Ermittler rückten. Geldbußen von einer Milliarde Dollar waren im Gespräch – denn die Strafen sollen sich an den Gewinnen orientieren, die mit unsauberen Geschäften erzielt worden sind. Und wie in Deutschland spielten vor allem die möglicherweise falschen Expertisen

eine Rolle, mit denen Analysten die Kurse der neuen Aktien von Kunden ihrer Arbeitgeber nach oben trieben. Die SEC arbeitet deshalb an einer weiteren Regelverschärfung, wonach bei jeder Analystenaussage die Querverbindungen zwischen Unternehmen und Geldhaus bzw. Analyseabteilung aufgezeigt werden sollen. Eine Regel, der die New Yorker Börse und die Nasdaq mittlerweile durch eine freiwillige Verpflichtung weitestgehend nachgekommen sind.

Die Analysten – abhängig vom Arbeitgeber

Wer auf Aktien setzt, der hätte gern konkret gewusst, welche Werte er wann zu welchen Preisen kaufen und wieder verkaufen soll. Wenn also Analysten ihre Einschätzungen zu den künftigen Kursentwicklungen bestimmter Werte oder Indizes geben, dürfen sie sich der Aufmerksamkeit vieler Anleger sicher sein.

Analysten stehen hoch im Kurs. Banken bezahlen Jahresgehälter zwischen 50 000 und 200 000 Euro, die Stars der Szene in London erreichen bis zu 1,5 Millionen Euro. Trotzdem haben sie im Zusammenhang mit den jüngsten Börsencrashs mit ihren Analysen vollkommen versagt – wie ihnen von Experten aus den verschiedenen Lagern vorgeworfen wird.

Doch dieses Versagen hat auch sein Gutes: Der Crash und die Prognosen-Pleiten waren nötig wie ein reinigendes Gewitter. Geübte ebenso wie unerfahrene Anleger mussten einfach die Erfahrung machen, dass sich Börsenkurse nicht an Vorgaben halten, auch wenn die bei allen Analysten gleich klingen. Es war nötig zu erkennen, wie Analysten arbeiten und dass ihre Kommentare nicht automatisch die direkte Aufforderung zum Erteilen von Kauf- oder Verkaufsorders sind. Und auch für die

Analysten war die Erfahrung eine Botschaft – sich auf ihre ureigene Arbeit zu besinnen, darauf, dass sie nicht in den Werbe- und PR-Abteilungen der Banken beschäftigt sind, sondern dass von ihnen finanzwissenschaftliche und seriöse Expertisen erwartet werden.

Optimismus als vorauseilender Gehorsam

Um die Rolle der Analysten zu verstehen, muss man das Zusammenspiel im Inneren einer Großbank verstehen bzw. das zweier verschiedener Abteilungen. Da sind einmal die Investmentbanker. Ihre Aufgabe ist es, die Bank mit frischen Großaufträgen zu versorgen, etwa indem sie Firmen oder Firmenteile an die Börsen bringen. Denn damit lässt sich, wie in diesem Buch bereits erklärt wurde, das große Geld machen.

In der anderen Abteilung sitzen die Analysten, nach den Aufgabenbereichen Anleihen- und Aktienanalyse getrennt. Ihr Job sollte es sein, anhand von Kennzahlen, die durch genaue Analysen von Bilanzen und dem Unternehmensumfeld überprüft oder besser selbst ermittelt werden, die wirtschaftliche Entwicklung so treffend wie möglich einzuschätzen.

Hierbei entstehen folgenschwere Interessenkonflikte. Um von den Unternehmen Aufträge für Neuemissionen zu bekommen, um ihre Anleihen ausgeben und sie so mit frischem Geld versorgen zu dürfen, muss die Investmentabteilung bei Kunden einen guten Eindruck machen. Wenn nun gleichzeitig aus der Analyseabteilung negative Prognosen oder gar Warnungen vor Investitionen in die Papiere des Kunden an die Öffentlichkeit gelangen, wird der Ärger groß sein. Folglich war es bisher üblich, dass sich die Analysten als notorische Optimisten betätigten. Der beste Beweis: Nur etwa 1 Prozent aller Prognosen waren negativ und beinhalteten Warnungen vor Aktien oder Anleihen. Ganz egal, wie die echten Zahlen aussahen – prognostiziert wurden Schönwetter in der Unternehmenskasse und ein wirtschaftlicher Silberstreif am Horizont. Ein Unternehmen, bei dem dies besonders deutlich wurde, war die *DaimlerChrysler AG*. Als eines der Schwergewichte im Deutschen Aktienindex ist sie für alle Geldhäuser ein interessanter Kunde. Und so ist es wohl zu erklären, dass es sich keiner mit dem Unternehmen verderben wollte – selbst als die Probleme durch die Übernahmen in den USA und in Japan erkennbar wurden, versprühten die Analysten weiterhin Optimismus. Wer sich als Anleger auf die entsprechenden Prognosen verließ, der war von jeder Rendite verlassen.

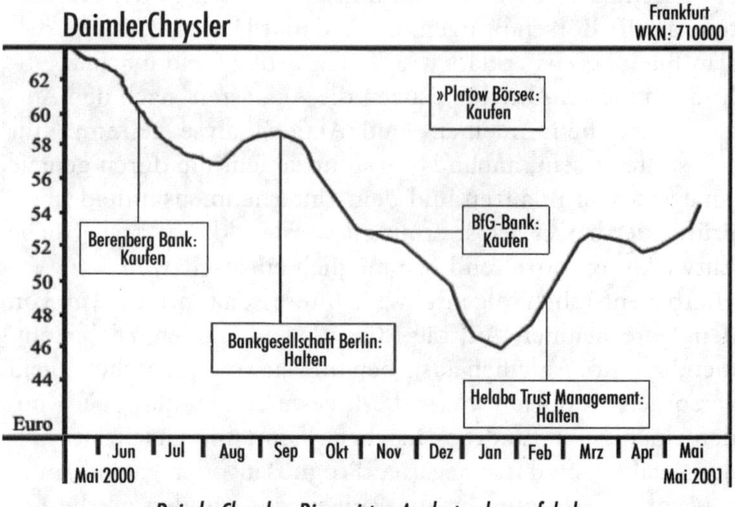

DaimlerChrysler: Die meisten Analysten lagen falsch

Die Banken allerdings betonen immer wieder, dass es keine Interessenkollisionen innerhalb der eigenen Häuser gebe, sie sprechen oft von der so genannten »Chinese Wall«, der undurchdringlichen Mauer, die zwischen Investmentabteilung und Analysten gezogen sei. Die Praxis aber zeigt eher das Gegenteil.

Natürlich verschließen sich die Analysten bei ihren Expertisen nicht gänzlich dem tatsächlichen Marktgeschehen. Selbst die größten Optimisten beginnen irgendwann zu warnen. Anleger beklagen allerdings völlig zu Recht, dass Warnungen – wenn sie denn kommen – meistens viel zu spät ausgesprochen werden. Ein Beispiel dafür war der Niedergang der Aktie von *Telegate.* Zur Erinnerung: Das ist die Firma, die vor allem durch die Werbespots mit Verona Feldbusch und dem Slogan »Da werden Sie geholfen« bekannt geworden ist.

Den Anlegern aber wurde bei *Telegate* leider nicht geholfen – offensichtlich hatte kein Analyst die Zahlen des Unternehmens so genau gelesen, dass er den sich abzeichnenden Gewinneinbruch auch nur annähernd rechtzeitig erkennen konnte. Noch fünf Tage bevor der Kurs im Oktober 2000 wegen einer Gewinnwarnung um 40 Prozent von fast 120 Euro auf 70 Euro einbrach, rieten zwei Bankhäuser zum Kauf. *Merck Finck* sah *Telegate* als »Outperform«, *SES Research* erkannte immerhin noch auf »Market Perform«.

Eine ernste Warnung an die Adresse der Anleger erfolgte erst einen Tag bzw. zwei Tage nach dem Kurssturz. Da traten gleich vier Banken mit einer Herabstufung an die Öffentlichkeit. Dass die *Bank Sal. Oppenheim* trotzdem auch da noch zum »Halten« riet, darf keinen wundern, war sie doch diejenige, die den Börsengang von *Telegate* begleitet hatte. Und dass *Morgan Stanley* sogar noch nach dem Kurssturz die Wertung »Outperform« verbreitete, dürfte auch einen guten Grund gehabt haben: Die US-Investmentbank war Konsortionalführer beim *Telegate*-Börsengang.

Warum gingen aber die nicht freundschaftlich und geschäftlich mit dem Unternehmen verbundenen Banken nicht früher mit Warnungen an die Öffentlichkeit? Fondsmanager und Analystenkritiker haben dafür eine übereinstimmende Erklärung: Jede Warnung ist gefährlich, nicht nur für den Kurs des einzelnen Unternehmens, sondern auch für das Umfeld. Warnungen können so auf die Werte durchschlagen, an deren Kurspflege der Analyst aus der Interessenlage seines Arbeitgebers heraus mitwirken müsste.

Die Analysten scheinen dem Herdentrieb zu erliegen. Kaum einer wagt es, die rote Karte zu heben, wenn alle »Hurra« schreien. Schließlich droht dadurch, dass der eigene Arbeitgeber bzw. die Kollegen vom Investmentbanking auf Dauer von der Freundesliste der betreffenden Firma gestrichen werden.

Profis trauen keiner öffentlichen Analyse

Ein alarmierendes Zeichen für die gesamte Zunft der Analysten stellt eine im April 2001 veröffentlichte Temptest-Untersuchung dar. Das US-Marktforschungsunternehmen hatte über 170 amerikanischen Vermögensverwaltungen die Frage gestellt, wie sie die Arbeit der Analysten einschätzen. Das Ergebnis war: Drei Viertel aller befragten Fondsmanager gaben an, die Objektivität der Analysten leide darunter, dass schlechte Prognosen die Geschäfte des eigenen Arbeitgebers beeinflussen könnten. Als Folge des starken Vertrauensschwundes kündigten die Fondsmanager an, mehr eigene Analysen durch den Aufbau hausinterner Research-Abteilungen erstellen zu wollen und sich weniger an den Prognosen der Banken zu orientieren.

Das aber haben viele professionelle Vertreter der »Buy-Side« bisher nicht getan. Als »Buy-Side« werden in den USA diejenigen Marktteilnehmer bezeichnet, die Aktien oder Anleihen kaufen, also private Anleger ebenso wie Fondsmanager. Ihnen gegenüber stehen die Vertreter der »Sell-Side«, Banken und Unternehmen, die Wertpapiere anbieten. Dieses völlig gegensätzliche Interesse hat viele Fondsmanager lange mit Bedacht agieren lassen. Oft lassen sie sich im persönlichen Gespräch mit dem Analysten die ausführliche Expertise noch einmal detailliert erläutern. Bei diesen Gesprächen ist es keine Seltenheit, dass der Analyst als Privatmann und im vertraulichen Gespräch vom Kauf einer Aktie abrät, die er gerade noch öffentlich mit dem Stempel »buy« versehen hat.

Die unterschiedliche Interessenlage der »Sell-Side«- und »Buy-Side«-Gruppen wird auch sichtbar anhand einer Reuters-Umfrage, in der sowohl Fondsmanager als auch Finanzvorstände die Qualität der Analyseabteilungen von *Goldman Sachs* und *Morgan Stanley* beurteilen sollten. Während die Finanzvorstände als Angehörige der »Sell-Side« Bestnoten vergaben, erreichten sie bei den Fondsmanagern der »Buy-Side« nur einen schwachen sechsten Platz. Für den privaten Anleger, der ebenfalls auf der »Buy-Side« steht und nicht die Möglichkeit der direkten Nachfrage bei den Analysten hat, bleibt als Resultat: Er sollte sich vor den veröffentlichten Prognosen hüten.

Analyseausweg: die Portfolios der Fonds

Aus der Not, nicht selbst direkten Zugang zu Analysten zu haben, kann der Privatanleger allerdings auch eine Tugend machen. Was Fondsmanager in vertraulichen Gesprächen erfahren und möglicherweise ganz anderes beinhaltet als die veröffentlichten Prognosen, schlägt sich meistens sehr schnell im Anlageverhalten des jeweiligen Fonds nieder. Es genügt also im Prinzip, sich die Portfolios von Fonds anzuschauen, um zu erkennen, wie groß das Vertrauen der Anlageprofis in bestimmte Werte und Unternehmen ist.

Darüber hinaus versorgen sich zahlreiche Fondsmanager noch direkt in den Unternehmen mit Informationen. Regelmäßig lassen sich die großen Investmentfirmen selbst von Vorstandsvorsitzenden international bedeutender Unternehmen die aktuellen Unternehmenszahlen erläutern. Und da wird Tacheles geredet. So musste sich z. B. das *Siemens*-Management bis zum Jahr 1999 regelmäßig rechtfertigen, warum es ihm im Gegensatz zum amerikanischen Multi *General Electric* nicht gelang, auch nur annähernd vergleichbar gute Ergebnisse vorzulegen. Die Tatsache, dass sich *Siemens* in den vergangenen Jahren von einer Art Behörde in einen modernen und ertragsstarken Konzern verwandelt hat, wird in Finanzkreisen nicht nur dem Vorstand zugeschrieben – sondern auch dem permanenten Druck, den Fondsmanager unter anderem von der *DWS* auf das Unternehmen ausgeübt haben.
Will sich der Privatanleger an den Portfolios der Fondsgesellschaften orientieren, muss er allerdings mehrere Punkte beachten, um sich vor Fehlinterpretationen zu schützen:

- Es dürfen nur die Portfolios gemanagter Fonds betrachtet werden – jeder Fonds, der lediglich einen Index nachbildet, operiert völlig unabhängig von den Expertisen zu einzelnen Werten.
- Größte Vorsicht ist bei Branchen- oder Länderfonds angebracht. Deren Manager sind oft gezwungen, das ihnen anvertraute Geld in bestimmte Anlagesegmente fließen zu lassen – auch wenn sich woanders bessere Chancen böten.
- Gemanagte internationale Aktienfonds, die bereits seit Jahren im Spitzenbereich liegen (mit hoher Performance ebenso wie mit geringem Risiko), sind deshalb die beste Möglichkeit, aus den Portfolios der Profis Anregungen für

eigene Entscheidungen zu holen und Hinweise auf echte Perlen unter den Aktien zu finden.
- Weniger geeignet dagegen sind die von deutschen Investmentgesellschaften gemanagten Fonds. Diese stehen – wie bereits erläutert – im Finanzverbund mit Banken und Versicherungen, was die Anlagepolitik des Fondsmanagements entsprechend der Interessen des Mutterhauses beeinflusst.

Am besten beraten ist der private Anleger ohne Frage bei Portfolios der amerikanischen Großinvestoren wie *Fidelity*, *Capital Investment* oder *Franklin Templeton*, die 50 Prozent des weltweit angelegten institutionellen Kapitals kontrollieren. Sie sind unabhängig von den Einzelinteressen auch großer Banken und haben immer direkten Zugang zum Management. Vor allem aber sind sie ausschließlich den Interessen ihrer Anleger verpflichtet, für die es ein Maximum an Performance herauszuholen gilt.

Die neue Ehrlichkeit – Kritik zeigt Wirkung

Anders als in den USA gibt es in Deutschland keine gesetzlichen Vorschriften, nach denen Banken zu einer Aufklärung über ihre Geschäftsbeziehungen zu analysierten Firmen verpflichtet sind. Die US-Banken müssen in ihren Studien einen Vermerk aufnehmen, wenn sie in der Vergangenheit für das analysierte Unternehmen tätig waren. Auch deutsche Banken könnten dies tun – auf freiwilliger Basis. Aber in fast allen Expertisen sucht der Anleger vergeblich danach.
Eine Möglichkeit gibt es allerdings, insbesondere Gefälligkeits-Analysen im Umfeld von Neuemissionen auszusortieren:

Der Online-Dienst Onvista (www.onvista.de) bietet auf seinen Internet-Seiten eine Übersicht zu den jeweiligen Konsortionalbanken an. Damit verbunden ist zwar keine Garantie für Richtigkeit und Vollständigkeit – aber eine gute Hilfe für den kritisch interessierten Privatanleger ist das Angebot trotzdem. Zu erwarten ist, dass nach der heftigen Analystenschelte und dem fürs Geschäft ja auch nicht unbedingt vorteilhaften Vertrauensverlust auf der »Buy-Side« auch in Deutschland mehr Transparenz einzieht. So wird zur Zeit an einem neuen Ehrenkodex für die Analysten gefeilt – wohl auch, um den Anfang 2001 von politischer Seite angedrohten Regelungen vorzugreifen und diese zu verhindern. Abzuwarten bleibt, wie der Codex gefasst und kontrolliert wird.

Und es zeigt sich, das sei lobend erwähnt, bei manchen Banken bereits ein Umdenken. Mitte Juni 2001 z. B. preschte das traditionsreiche deutsche Bankhaus *B. Metzler Sohn & Co.* mit einer in dieser Form noch nie dagewesenen »schwarzen Liste« an die Öffentlichkeit. Die Analysten der über 300 Jahre alten Privatbank hatten zusammengestellt, welche der 30 im Dax vertretenen Werte sie verkaufen würden. Verglichen mit dem bisherigen Verhalten der Banken sicherlich ein Wagnis, hatte doch dieses Bankhaus im Jahr zuvor 31 Unternehmen bei Fusionen und Übernahmen mit einem Gesamtvolumen von 18 Milliarden Dollar beraten. Allerdings gibt es einen gravierenden Unterschied zu anderen Geldhäusern: *Metzler* begleitet ganz bewusst keine Börsengänge, es erstellt für institutionelle Kunden in der ganzen Welt ausschließlich Aktienanalysen.

Das Aufsehen, das die Privatbanker mit ihrer »schwarzen Liste« erzielten, wird andere Geldhäuser aller Erfahrung nach nicht lange ruhen lassen. Bisher ist es noch immer so gewesen, dass das Vorpreschen eines Einzelnen immer zur branchenweiten Abkehr von alten, wenig anlegerfreundlichen Verhaltensweisen der Banken geführt hat. Bestes Beispiel dafür war die frühere Verkaufspraxis von Investmentfonds durch die Geldhäuser. Grundsätzlich wurden den Anlegern nur die Produkte eigener Tochtergesellschaften angeboten – auch wenn andere deutlich bessere Erfolge aufzuweisen hatten. Kaum hatte die Citibank als erstes Institut mit dem Verkauf aller Fonds und der objektiven Performanceanalyse zu werben begonnen, zogen andere nach und rühmen sich nun ebenfalls, ihren Kunden unter allen Fonds die besten zu empfehlen.

Gute Analysen von kleinen Geldhäusern

Auch wenn die neue Offenheit mit kritischeren Analysen Schule machen sollte, ist eine weitere wichtige Frage für Anleger noch nicht beantwortet: Welche Bank beschäftigt die Analystenteams mit der größten Treffsicherheit? Zwar gibt es in regelmäßigen Abständen Untersuchungen z. B. des Londoner Instituts AQ Publications, die von zahlreichen deutschen Wirtschaftsredaktionen veröffentlicht werden, unter anderem im »*Handelsblatt*«, aber es handelt sich bei den im Dreimonatsabstand veröffentlichten Rankings immer nur um Momentaufnahmen.

Schaut man sich allerdings die in der Vergangenheit ermittelten Werte für die sehr schwierige und diffuse Börsensituation in den Jahren 2000 und 2001 an, so wird eines deutlich: Nicht die Banken mit dem größten Analyseapparat schneiden am besten ab, es sind oft die kleineren, die den besseren Riecher haben und mit ihren Analysen dem Geschäftsverlauf der Unternehmen am nächsten kommen. Bei diesem Vergleich werden sowohl die Gewinnschätzungen der Analysten pro Aktie bewertet wie auch die zeitliche Richtigkeit des Eintreffens. Einschränkend muss darauf hingewiesen werden, dass die Bestenlisten keinen Anspruch auf absolute Richtigkeit und Vollständigkeit erheben können, da auf Grund der Daten nicht alle Analystenteams bewertet werden konnten. Hier nicht gelistete Analystenteams sind also nicht automatisch auf Plätzen nach dem 20. Rang gelandet.

Die »besten« Prognosen für den deutschen Aktienmarkt

*Rang**	*Name*	*Land*
1.	Bayerische Hypo- und Vereinsbank	Deutschland
2.	ABN Amro	Niederlande
3.	Baden-Württembergische Bank	Deutschland
4.	MM Warburg	Deutschland
5.	SEG (vormals BfG Bank)	Schweden
6.	Merck Fink	Deutschland
7.	BHF-Bank	Deutschland
8.	JP Morgan	USA
9.	Schroder Salomon Smith Barney	USA
10.	Merrill Lynch	USA
11.	WestLB Panmure	Deutschland
12.	DG Bank	Deutschland
13.	Deutsche Bank	Deutschland
14.	Commerzbank	Deutschland
15.	Bankhaus Metzler	Deutschland
16.	Sal. Oppenheim	Deutschland
17.	HSBC	Großbritannien
18.	Lehman Brothers	USA
19.	Julius Bär	Schweiz
20.	Bayerische Landesbank	Deutschland

* Ermittelt nach den gewichteten Einzelprognosen von AQ Publications für die Quartale IV/00 und I/01 durch Livingston Research

Die »besten« Prognosen für den europäischen Aktienmarkt

*Rang**	*Name*	*Land*
1.	Fortis Bank	Belgien/Niederlande
2.	Merrill Lynch	USA
3.	Schroder Salomon Smith Barney	USA
4.	JP Morgan	USA
5.	UBS Warburg	Schweiz
6.	Dresdner Kleinwort Wasserstein	Deutschland
7.	Exane	Frankreich
8.	Deutsche Bank	Deutschland
9.	ABN Amro	Niederlande
10.	BNP Paribas	Frankreich
11.	Natexis Capital	Frankreich
12.	HSBC	Großbritannien
13.	Lehmann Brothers	USA
14.	ING Barings	Niederlande
15.	SG Securities	Frankreich
16.	Morgan Stanley	USA
17.	Bayerische Hypo- und Vereinsbank	Deutschland
18.	Credit Suisse First Boston	Schweiz
19.	Bayerische Landesbank	Deutschland
20.	CAI Cheuvreux	Frankreich

* Ermittelt nach den gewichteten Einzelprognosen von AQ Publications für die Quartale IV/00 und I/01 durch Livingston Research

Die Listen machen eines deutlich: Genauere Daten kommen von den deutlich kleineren Banken. Bei den Riesen (wie Morgan Stanley oder Credit Suisse First Boston) zeigt sich wohl auch hier der Zusammenhang zwischen den Investmentbanking-Aktivitäten und den aus diesem Grund zurückhaltenden,

manchmal wohl auch wissentlich falschen Einstufungen mancher Werte.
Was nützen solche Rankings dem privaten Anleger: Er ist sicherlich gut beraten, die Aussagen mehrerer Teams von kleinen Instituten heranzuziehen und diese bei eigenen Entscheidungen einfließen zu lassen.

Die kleine Hoffnung – Schadenersatz für Anleger

Wann kann Schadenersatz verlangt werden? Täuschen Firmenchefs Anleger bewusst mit falschen Zahlen und verleiten sie so zu Engagements, die sie bei Kenntnis der wahren Umstände nie eingegangen wären, kann Klage geführt werden. Grundsätzlich gilt dies auch gegenüber dem Geldinstitut, bei dem die Aktien erworben wurden.
Betrachten wir zunächst den Schwindel mit falschen Unternehmensdaten. In der letzten Zeit richteten sich derartige Vorwürfe nicht nur gegen windige Unternehmer, die ihre Firmen an den Neuen Markt brachten, sondern auch gegen die großen Werte im Deutschen Aktienindex. So wurde zum Beispiel

- die *Deutsche Telekom* beschuldigt, den Immobilienbesitz des Konzerns wider besseres Wissen falsch bewertet zu haben oder
- *DaimlerChrysler* wurde anhand von internen Unterlagen der Vorwurf gemacht, niemals eine Fusion unter Gleichen, sondern die Übernahme des heutigen amerikanischen Unternehmensteils angestrebt und seine Aktionäre darüber falsch unterrichtet zu haben.

Bei Redaktionsschluss dieses Buches war noch nicht absehbar, ob in den genannten Fällen Schadenersatzklagen gegen die Unternehmen erfolgreich sein werden. Aussichtslos aber sind die Chancen nicht – vor allem nicht, wenn die entsprechenden Verfahren nach den amerikanischen Gesetzen und vor einem US-Richter geführt werden. Dies ist praktisch immer möglich, wenn das jeweilige Unternehmen auch an US-Börsen notiert ist oder relevante Geschäftsbeziehungen in die USA unterhält.
Die Erfolgsaussichten für Schadenersatzklagen der Anleger sind dort deutlich besser als in Deutschland. Das liegt einerseits am Honorarsystem der Rechtsanwälte, die auf Provisionsbasis arbeiten. Nur im Erfolgsfall kassieren sie ihren Anteil von bis zu 30 Prozent der erstrittenen Summe. Für den Anleger ist der Prozess deshalb relativ risikolos.
Zum anderen aber sind die verklagten Unternehmen oft bereit, sich schon im Vorfeld des Prozesses zu einigen und es gar nicht erst zum Verfahren kommen zu lassen. Sonst müsste das verklagte Unternehmen nach US-Recht alle von den Klägern gewünschten Unterlagen herausgeben – also auch höchst vertrauliche Firmendokumente.
Beim Anlegerschutz wird Deutschland als Entwicklungsland angesehen, denn selbst bei falschen Angaben ist das jeweilige Unternehmen kaum in die Haftung zu nehmen. Zwar müssen in den so genannten Ad-hoc-Meldungen alle Informationen bekannt gegeben werden, die sich auf die Kurse des Unternehmens auswirken können. Aber eine Haftung für falsche Inhalte gibt es nicht.
Zudem befinden sich die Kläger in Deutschland in einer schwierigen Beweissituation. Wo immer in den Veröffentlichungen der Firma oder auch in den Prospekten zur Herausgabe von Aktien falsche Angaben gemacht wurden, müssen Anleger beweisen, dass diese vorsätzlich in die Unterlagen

aufgenommen wurden. Weiterhin liegt in der Beweispflicht des Klägers, dass er sich nur durch die falschen Informationen zum Kauf der Papiere verleiten ließ. Und die Vorstände sind nicht haftbar, sobald sie nachweisen können, dass sie von den fehlerhaften Angaben nichts wussten.
Die Erfolgsaussichten von Klagen deutscher Anleger gegen deutsche Unternehmen sind gegenwärtig generell eher schlecht und das Kostenrisiko ist hoch.

Haftung der Banken – abhängig vom Anlegerprofil

Viele Anleger gehen voll Vertrauen zu ihrer Bank oder Sparkasse, erwarten dafür aber auch seriöse Beratung und Schutz vor der Möglichkeit, bei Geldanlagen aufs falsche Pferd zu setzen oder gar Opfer einer Betrügerei zu werden. Mittlerweile gibt es, im Gegensatz zu früher, berechtigte Hoffnung, Banken wegen fehlerhafter Tipps haftbar machen zu können.
Das bedeutet aber nicht, dass Sie jeder Empfehlung der Bank nachgehen können und eventuelle Verluste erstattet bekommen. Die Gerichte machen bei der Entscheidung über Schadenersatzforderungen sehr feine Unterschiede:

- Unerfahrene Geldanleger, die bisher nur in sehr sichere Anlagen investiert haben, z. B. festverzinsliche Wertpapiere, müssen umfassend beraten und auf Risiken deutlich hingewiesen werden.
- Erfahrene Geldanleger, die auch in der Vergangenheit schon mit risikoreichen Anlagen wie z. B. Aktien spekuliert haben, sind automatisch schlechter gestellt. Bei ihnen setzen die Gerichte voraus, dass sie sich der Gefahren bewusst sind und auch wissen, dass Tipps vom Bankberater keine Garantie für sichere Gewinne sind.

Schadenersatz für Unerfahrene

Wer bei der Anlageberatung nichts falsch machen und möglichst viele Rechte für sich in Anspruch nehmen will, sollte beim Gespräch über die beste Strategie nicht durchblicken lassen, wie gut er über die Börsenwelt informiert ist und verschweigen, welche Erfahrungen er schon gemacht hat.

Wenn es wegen schlechter oder falscher Beratung zu einem Prozess kommt, macht es für erfahrene Anleger keinen Sinn, sich unwissend zu stellen. Dies lässt sich von einem Mitarbeiter des Geldinstituts, der als Zeuge auftritt und sich an zurückliegende Spekulationsgeschäfte erinnert, schnell entkräften.

Erhebt der Kunde Ersatzansprüche wegen falscher Beratung und reicht der Anlageplan mitsamt den Eintragungen und Änderungen durch den Berater als Beweisstück nicht aus, können Zeugen im Gerichtsverfahren aussagen. Der Kunde selbst darf allerdings als Kläger (Beklagter ist die Bank) nicht in den Zeugenstand treten. Die Bank dagegen kann ihren eigenen Mitarbeiter (den Berater) als Zeugen benennen. Es ist dann von Vorteil, wenn auch Sie einen vorzuweisen haben.

Für die spätere Eignung als Zeuge ist es unerheblich, ob Sie einen Verwandten mitgenommen haben oder einen Fremden. Entscheidend ist, dass der Begleiter nur aufmerksam zuhört und sich eventuell zu den Angaben des Beraters Notizen macht. Aber Vorsicht: Selbst wenn sich die Begleitperson mit Geldanlagen auskennt, sollte sie sich nicht in das Beratungsgespräch einschalten und schon gar nicht mit vorhandenen Kenntnissen auftrumpfen.

An das Beratungsgespräch werden von den Gerichten hohe Anforderungen gestellt. Sofern der Berater die Risikobereitschaft des Kunden nicht einschätzen kann, muss er nachfragen. Entscheidend sind folgende Punkte: Die Beratung muss

- anlegergerecht sein, der Kunde muss sie verstehen können,
- sie muss objektgerecht sein, die Angebote müssen zu dem Kunden passen und
- die Bank muss ihren Kunden ständig auf dem Laufenden halten, was mit seiner Geldanlage passiert oder welche Gefahr ihr droht.

In einem hatte ein Kunde bestimmt, dass die Bank ihm keine Mitteilungen zuschicken sollte. Er wollte sie in der Bank abholen und dadurch Porto sparen. Daran hielt sich die Bank selbst dann, als Optionsscheine des Kunden fällig wurden. Bei seinem nächsten Besuch erfuhr er, dass seine Geldanlage leider verfallen war und fühlte sich betrogen. Ganz so weit ging der BGH nicht, aber immerhin verpflichtete er die Bank zum Schadenersatz. Sie hatte den Kunden bei der Geldanlage nicht darüber aufgeklärt, dass Optionsscheine nach Fälligkeit nichts mehr wert sind (BGH XI ZR 133/88).
Ist ein Bankkunde im Wertpapierhandel überhaupt nicht erfahren, muss der Berater das ausgleichen. Von dieser Pflicht profitierte ein Kunde, der auf den Rat seiner Hausbank 20 000 Euro in eine ausländische Anleihe investiert hatte. Sein Berater hatte ein Kursrisiko für eine Firmenanleihe in Australien zwar zu Recht verneint, damit aber den Anleger in die Irre geführt: Wenige Monate später ging die Firma Pleite, und damit waren die Papiere praktisch nichts mehr wert. Der BGH billigte dem Kunden einen Schadenersatzanspruch zu, weil der Kunde dieses besondere Risiko der Bond-Anleihe nicht kennen konnte. Der Berater hätte wissen müssen, dass dieser Kunde mit dem Wertpapierhandel gar keine Erfahrung hatte. In der Vergangenheit hatte er sich nämlich immer für risikolose Geldanlagen wie Sparbriefe entschieden (BGH XI ZR 12/93).

Auch wenn der Anleger bereit ist, ein Risiko einzugehen, muss ihn der Berater über den Umfang des Risikos aufklären. Gegebenenfalls muss sich der Berater sogar davon überzeugen, wie groß die Kenntnis seines Kunden von den jeweiligen Anlagen und den damit verbundenen Risiken ist.

Zur Beratungspflicht gehört vor allem bei unerfahrenen Anlegern, auf versteckte Risiken hinzuweisen. Angenommen, der Kunde wird zum Kauf von Anlagen in einer fremden Währung ermuntert, darf der Berater nicht nur auf die sehr hohen Zinsen hinweisen. Er muss seinen Kunden vielmehr darüber aufklären, dass die Rendite bei solchen Papieren auch von den Wechselkursen am internationalen Währungsmarkt abhängig ist. Bei Anlagen in einer schwachen Währung müsste er seine Kunden also davor warnen, dass sie trotz hoher Verzinsung bei einem Kurssturz der Währung Verlust machen können.

Selbst wenn der Kunde über das Verlustrisiko beim Wertpapierhandel informiert ist, kann es bei besonderen Anlageformen zu einer Schadenersatzpflicht des Beraters kommen. In einem höchstrichterlich entschiedenen Fall wurde eine ausführliche Informationsbroschüre für den Handel mit Penny-Stocks verwendet. In der Broschüre und den direkten Beratungsgesprächen ist der Kunde aber nicht darüber aufgeklärt worden, dass solche Papiere oft nur von einem einzigen Broker ausgegeben werden. Geht in einem solchen Fall der Händler pleite, wird der Inhaber von Penny-Stocks seine Wertpapiere nicht mehr los; schon gar nicht mit Gewinn (BGH XI ZR 151/89).

Verschweigen darf der Berater erst recht nicht, dass jede Transaktion auf dem Wertpapiermarkt Geld kostet. Schließlich bringt der schönste Zinsertrag wenig, wenn der Gewinn zur Hälfte oder zur Gänze von Bankentgelten und Gebühren aufgefressen wird. Beispiel: Beträgt der Handelsaufschlag auf

den Preis eines Optionsscheins 100 Prozent oder mehr, und lässt sich deswegen ein Kursgewinn gar nicht mehr erzielen, ist der Kunde betrogen worden (BGH 1 StR 576/82). Ging der Kunde wegen einer fehlerhaften Beratung dann noch davon aus, der Handel mit Optionsscheinen sei mit einem wertbeständigen Anlagegeschäft gleichzusetzen, besteht sein Schaden aus dem Gesamtpreis der Option.
Zusammenfassend lässt sich feststellen: Trotz des relativ guten Verbraucherschutzes im Hinblick auf die Beratungspflichten der Bank sollte man sich nicht blind auf die Schadenersatzmöglichkeit verlassen. Das Hauptrisiko trägt in jedem Fall der Anleger.

Sonderfall Online-Abschlüsse

Mit Schwierigkeiten verbunden war bisher die Zusammenarbeit mit Internet-Banken. Seit den chaotischen Zuständen beim Börsengang von *Infineon* im Frühjahr 2000 haben zwar alle Online-Banken ihre Erreichbarkeit erheblich verbessert und die Orderkapazitäten aufgestockt. Auf Grund von Systemfehlern oder individuellen Versäumnissen sind Risiken bei Online-Orders aber weiterhin nicht auszuschließen.
Deshalb sollten alle Transaktionen durch Ausdrucke sämtlicher Vorgänge und eventuell auch der kompletten Bildschirmansicht dokumentiert und auf Papier archiviert werden. Auf diese Weise kann erfolgreich gegen Online-Banken prozessiert und Schadenersatz für entgangene Gewinne gefordert bzw. ein Zahlungsanspruch abgewehrt werden.
Wichtig ist auch, die Geschäftsbedingungen und Garantien des jeweiligen Brokers genau zu lesen – vor allem bezüglich des Orderschlusses.
Angenommen, Sie erteilen eine unlimitierte Kauforder, die

aber am Handelstag wegen Orderschluss nicht mehr ausgeführt wird. Trotzdem bleibt sie in den Büchern stehen und wird am nächsten Handelstag zum mittlerweile erheblich höheren Kurs ausgeführt, zu dem Sie nie gekauft hätten. In diesem Fall bestünden kaum Chancen, erfolgreich auf Rückabwicklung des Geschäfts zu klagen.
Erst allmählich zeigen sich die Tücken der Internet-Brokerage und die damit verbundenen Konsequenzen für den Kunden. Auch für die Rechtsprechung ist dies ein neues Feld. Allerdings gibt es bereits eine Reihe von Urteilen, die eine grundsätzlich verbraucherfreundliche Tendenz zeigen, unterstreichen aber auch, wie wichtig die empfohlene Dokumentation aller Vorgänge am PC ist.

- *Zeitgarantie bei der Order-Abwicklung:*
  Verspricht die Bank in den Geschäftsbedingungen oder der Werbung eine sofortige Abwicklung aller Orders, muss sich der Kunde darauf verlassen können. Kommt es wegen Überlastung zu einer verspäteten Abwicklung und der Kunde erleidet durch zwischenzeitliche starke Kursschwankungen Nachteile, müssen ihm diese von der Bank ausgeglichen werden (LG Nürnberg-Fürth, 14 O 9971/98).
- *Informations- und Beweispflicht des Brokers:*
  Üblicherweise besteht bei Optionsgeschäften die Verpflichtung der Bank, auf einen bevorstehenden Verfall der Papiere hinzuweisen. Der Broker muss dann beweisen, dass er dieser Pflicht nachgekommen ist und die Nachricht (z. B. als E-Mail) den Kunden auch erreicht hat (LG Hof, 12 O 74/99).

Die bisherigen Erfahrungen mit Kundenprotesten nach Online-Transaktionen zeigen, dass vor allem unlimitierte Aufträge zu Problemen führen.

Ein besonderes Extrem war der Fall eines Anlegers, der für den ersten Handelstag einer Neuemission eine unlimitierte Kauforder erteilte, die zum Preis von 60 Euro pro Aktie ausgeführt wurde – obwohl der Kunde mit nur 14 Euro als Kaufpreis gerechnet hatte. Sein Konto wies keine genügende Deckung auf, das wurde aber von der Bank erst nach Abrechnung des Auftrags festgestellt. Deshalb verkaufte sie die Aktien zur Deckungsherstellung wieder – zum mittlerweile auf 27 Euro gefallenen Kurs. Am Ende besaß der Anleger zwar keine Aktien, sein Konto wies aber ein Soll von rund 7500 Euro aus.

Die Rede der Analysten – ein notwendiger Sprachkurs

»Kaufen« – »Market-Outperformer« – »Strong Buy«: Vor allem private und unerfahrene Anleger verstehen diese und andere Kurzkommentare der Analysten oftmals falsch. Vor allem die wörtliche Übersetzung der englischen Begriffe kann zu Missverständnissen führen. Deshalb ist es wichtig – auch vor dem bereits beschriebenen Hintergrund der zu positiven und eher gefälligen als ehrlichen Empfehlungen – hinter die Aussagen blicken und zwischen den Zeilen lesen zu können.
So kann es sinnvoll sein, die Rückstufung einer Empfehlung um nur eine Stufe, etwa von »Strong Buy« auf »Buy«, als klares Warnzeichen auszulegen. Ganz anders als es die wörtliche Übersetzung vermuten ließe, kann »Buy« bestenfalls noch ein Halten oder auch schon ein leichtes Untergewichten ausdrücken. Dasselbe gilt, wenn bei den Erwartungen die kurzfristigen Ziele durch langfristige ersetzt werden. Auf jeden Fall sollte der private Anleger mit dem Abstoßen der Aktien nicht so lange warten, bis klare negative Ansagen wie »verkaufen« kommen. Die werden, wie bereits beschrieben, von manchen Häusern generell nicht gegeben – und wenn überhaupt, dann sowieso zu spät.
Das beweist besonders eindrucksvoll der Niedergang von *T-Online*, einem der Schwergewichte am Neuen Markt. Hier handelt es sich um ein gutes Beispiel dafür, wie sehr bei den Empfehlungen der Analysten zwischen den Zeilen gelesen werden muss.
Wie missverständlich Analystenausdrücke sein können, zeigt sich an den beiden häufig auftauchenden Ratschlägen »über-

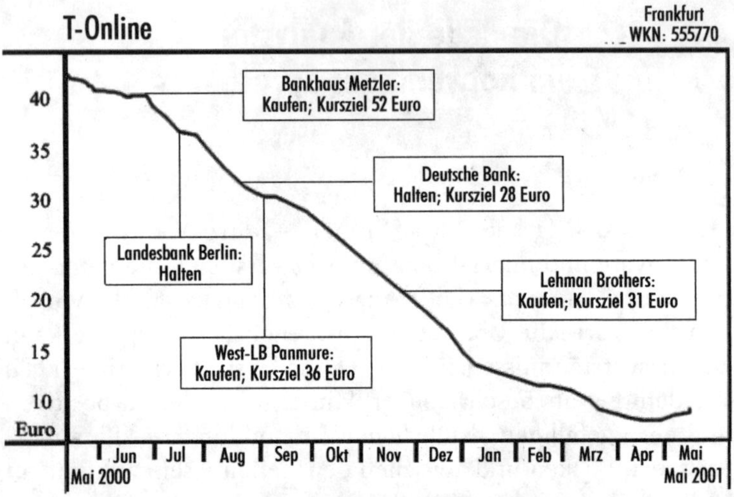

Der Sturz von T-Online: falsche Tipps

gewichten« oder »untergewichten«. Falsch wäre, die jeweiligen Aktien sofort zu einem beliebigen Preis zu kaufen oder zu verkaufen. Wird z. B. der Ratschlag »europäische Aktien übergewichten« gegeben, soll ihnen im Vergleich zum gesamten Markt (und das wäre hier der Aktien-Weltmarkt) ein etwas größeres Gewicht eingeräumt werden als im vergleichbaren Index. Für den weltweiten Aktienmarkt wäre das MSCI World, bei dem europäische Aktien normalerweise einen Anteil von 32 Prozent haben. Übergewichten hieße eine Erhöhung auf z. B. 33 oder 34 Prozent. Entsprechend kann der Ratschlag »stark übergewichten« bedeuten, dass der Anteil auf 36 bis 38 Prozent aufgestockt werden sollte. Aber die Analysten-Aussage meint in keinem Fall, nur noch auf europäische Aktien zu setzen – genau so werden die Ratschläge von privaten Anlegern aber oft verstanden.

Welche Handlungsanweisungen sich hinter der Analysten-Sprache verbergen können

Wer als Privatanleger auf Nummer Sicher gehen will, sollte auch optimistische Kommentare der Analysten nicht überbewerten. Die Übersicht zeigt, welche Handlungsanweisung sich hinter den meist gebrauchten Kommentaren verbergen könnte.

Analyse-Kurzkommentar	***offizielle Bedeutung des Kurzkommentars***	***echter Trend und mögl. Handlung***
Strong Buy	aktuell sehr gute Kaufgelegenheit, Aktie ist unterbewertet bzw. deutlich besser als der Markt	↑↑ kaufen, nachkaufen
kaufen, Trading Buy	Aktie mit hohem Wertsteigerungspotenzial, sollte den Index um 10 Prozent überbieten	↑ kaufen, nachkaufen
aufstocken	Wertzuwachs entspricht mindestens dem des Marktes bzw. fällt bis 10 Prozent besser aus	↗ kaufen bzw. halten
Buy	Papier mit sehr interessantem Wertsteigerungspotenzial bzw. Aktie könnte den Markt/Index um 5–10 Prozent schlagen	→ halten bzw. reduzieren
(Market-)Outperformer	Aktie sollte den Markt/Index um 5 Prozent überbieten	→ halten, eher reduzieren
akkumulieren	interessantes Wertsteigerungspotenzial, besser als der Markt/Index	↘ reduzieren
Long Term Buy	über mehr als zwölf Monate besser als der Gesamtmarkt	↓ deutlich reduzieren
neutral	Wertsteigerungspotenzial ist vorhanden, aber begrenzt	↓ deutlich reduzieren

Analyse-Kurzkommentar	***offizielle Bedeutung des Kurzkommentars***	***echter Trend und mögl. Handlung***
halten	Aktie bewegt sich mit dem Markt (Index), sollte nicht schlechter abschneiden	↓↓ verkaufen
(Market-)Performer	Aktie bewegt sich mit dem Markt (Index), soll allenfalls 10 Prozent darunter liegen (bei Goldman Sachs und J. P. Morgan: kein Hinweis auf schlechteres Abschneiden)	↓↓ verkaufen
reduzieren	Wert mit Rückschlag-Potenzial, Aktie wird unter der Marktentwicklung liegen, Prognose: bis 5 Prozent darunter	↓↓↓ verkaufen
(Market-)Underperformer	Aktie entwickelt sich schlechter als der Markt, wird voraussichtlich um mindestens 5 Prozent darunter liegen	↓↓↓↓ verkaufen
verkaufen	Wert mit hohem Rückschlag-Potenzial, Aktie wird um mindestens 10 Prozent schlechter als der Markt abschneiden	↓↓↓↓ verkaufen

Statements der Banken und ihre Bedeutung

Die folgende Übersicht zeigt auf, welche konkreten Kursziele und zeitlichen Horizonte die Analystenteams einzelner Banken mit ihren Aussagen verbinden. Dabei wurden Institute berücksichtigt, die mit ihren Kurzkommentaren am häufigsten in den deutschen Wirtschaftsmedien zitiert werden.
Weitere Informationen bei den einzelnen Instituten beziehen sich auf deren Geschäftstätigkeit und Bedeutung am Geld-

markt bzw. auf besonders enge Zusammenarbeit mit Unternehmen. Dies dient zur Klärung der Frage nach der Objektivität von Analysen: Enge Geschäftsbeziehungen zu einem Unternehmen sind im Normalfall ein Indiz für eine Interessenkollision, sodass die Prognosen mit einem Höchstmaß an Vorsicht zu bewerten sind.
Unter der angegebenen Internet-Adresse können einzelne Analysen des Instituts abgerufen sowie aktuelle Informationen, etwa über die Aktivitäten der jeweiligen Bank im Zusammenhang mit Kapitalerhöhungen von Unternehmen oder der Emission von Anleihen, eingesehen werden.

ABN Amro

Das niederländische Institut gehört zu den führenden europäischen Banken. Es hat sich insbesondere durch die Emission von Basketzertifikaten in Deutschland und Österreich einen Namen als innovatives und kreatives Emissionshaus gemacht. Als Konsortialführer brachte sie unter anderem die *Biodata* und *Inform.Technology* an die Börse. Als Konsortialbegleiter kümmerte sie sich um *Infineon*, *Kinowelt Medien* und *Broadvision*.
Für weitere Informationen: www.abnamro.com

Aussage	***Bedeutung***	***Zeitziel***
Buy	Aktie wird mehr als 20 % zulegen	6 Monate
Add	Aktie wird mehr als 10 % zulegen	
Hold	Aktie wird schwanken in einer Bandbreite von ±10 %	
Reduce	Aktie wird mehr als 10 % fallen	
Sell	Aktie wird mehr als 20 % fallen	

BHF-Bank

Die *BHF-Bank* ist mit einer Konzern-Bilanzsumme von 53 Milliarden Euro und 2900 Beschäftigten eine der führenden deutschen Geschäftsbanken. Mit großem Erfolg platzierte die Bank bisher bei deutschen und internationalen Investoren Neuemissionen, insbesondere von Werten am Neuen Markt. Als Konsortionalführer begleitete sie unter anderem *media.net*, *Das Werk*, *D.Logistics*, *Drillisch*, *Kinowelt Medien*, *W.E.T. Automotive Systems*. In weiteren Marktsegmenten ist die *BHF-Bank* Betreuer von Unternehmen wie *AGIV*, *Hornbach Baumarkt*, *ProSieben Sat1 Medien*. In jüngerer Zeit gehörte sie bei den Börsengängen von *Nordex* und *Fraport* zum Konsortium der Emissionsbanken.

Die im Jahre 1970 aus der Fusion der 1854 gegründeten *Frankfurter Bank* und der 1856 errichteten *Berliner Handels-Gesellschaft* hervorgegangene *BHF-Bank*-Gruppe ist seit 1999 Teil der niederländischen *ING*-Gruppe. Sie unterstützt vorrangig deutsche Unternehmen und Anleger mit Finanzdienstleistungen im In- und Ausland und soll für internationale Kunden der Deutschland-Spezialist sein. Kunden sind in erster Linie mittelständische Firmen, Großunternehmen, vermögende Privat- und institutionelle Kunden sowie die öffentliche Hand.

Für weitere Informationen: www.bhf-bank.de

Aussage	**Bedeutung**	**Zeitziel**
Strong Buy	Aktie wird um mind. 20 % steigen	12 Monate
Kaufen	Aktie wird um mind. 10 % steigen	
Halten	Aktie wird schwanken in einer Bandbreite von ±10 %	
Verkaufen	Aktie wird um mind. 10 % fallen	

BNP Paribas

Durch die Fusion von *Paribas* und *BNP* im Jahr 2000 wurde die Bank zum größten Geldhaus in Frankreich. Als Konsortialführer brachte sie unter anderen die Firmen *Kabel New Media*, *Brokat* und *Atoss Software* an die Börse.
In der jüngsten Vergangenheit hatte *BNP* vergeblich versucht, Konkurrent *Société Générale* im Doppelpack mit der Privatbank *Paribas* zu übernehmen. Nach heftigen Widerständen seitens der *Société Générale* musste sich *BNP* mit *Paribas* als Fusionspartner zufrieden geben.
Für weitere Informationen: www.bnpparibas.de

Aussage	***Bedeutung***	***Zeitziel***
Key Buy	Absolute Kaufempfehlung	6 bis 12 Monate
Outperformer	Aktie wird sich um mind. 10 % besser als der Index entwickeln	
Neutral	Aktie wird sich im Gleichklang mit Index entwickeln mit einer Schwankungsbreite von ±5 %	
Underperformer	Aktie wird sich um mind. 5 % schlechter als der Index entwickeln	

Consors Capital Bank

Die *Consors Capital Bank AG* positioniert sich als Online-Investment Bank und gehört zum Direktbroker *Consors* mit Sitz in Nürnberg. Die Online-Bank nimmt eine führende Position bei Privatanlegern mit besonders vielen Orders ein. Mit einem Anteil von rund einem Drittel ist das Unternehmen bei diesen als »Heavy Traders« bezeichneten Kunden Marktführer.
Die *Consors Capital Bank* war unter anderem als Konsortialbegleiter bei den Firmen *Adori*, *T-Online* und *Ebay* beteiligt.
Für weitere Informationen: www.consors-capital.de

Aussage	Bedeutung	Zeitziel
Outperformer	Aktie wird mehr als 30 % zulegen	12 Monate
Marketperformer	Aktie wird zwischen 10 und 29 % zulegen	
Underperformer	Aktie wird weniger als 10 % zulegen	

Credit Suisse First Boston

Die *Credit Suisse AG* (Deutschland) ist Teil der *Credit Suisse Group*, die aus der früheren Schweizerischen Kreditanstalt, der ältesten (1856) und traditionsreichsten Schweizer Großbank hervorgegangen ist. Die *Credit Suisse* ist ausschließlich auf die Betreuung vermögender Privatkunden spezialisiert.
Als Konsortialführer begleitete sie unter anderen die Firmen *Freenet.de*, *Loewe* und die *GPC Biotech*. Des Weiteren war sie Konsortialbegleiter für die *Deutsche Post*, *Infineon* und *Telegate*.
Für weitere Informationen: www.cspb.de

Aussage	Bedeutung	Zeitziel
Strong Buy	Aktie wird sich im Vergleich zum Index um mind. 30 % besser entwickeln; Aktie muss überdies das Potenzial haben, wiederholt die Indexperformance zu übertreffen	12 Monate
Buy	Aktie wird sich im Vergleich zum Index um mind. 20 % besser entwickeln	
Hold	Aktie wird sich im Gleichklang mit dem Markt entwickeln	
Sell	Aktie erreicht nicht Performance des Marktes	

Deutsche Bank

Die *Deutsche Bank* wurde 1870 gegründet und ist Europas größtes Geldinstitut. Außerdem gehört sie zu den führenden internationalen Finanzdienstleistern. Mit mehr als 98 000 Mitarbeitern betreut die Bank weltweit über 12 Millionen Kunden in mehr als 70 Ländern.

Die *Deutsche Bank* hat sich das ehrgeizige Ziel gesetzt, der größte Finanzdienstleister der Welt zu werden. Im Zuge dieser angestrebten Globalisierung hat sie z. B. 1989 die *Morgan Grenfell Group* übernommen, 1993 die *Banco de Madrid S.A.* 1998 folgte die *Crédit Lyonnais Belgium* und 1999 die Übernahme von *Bankers Trust* in den USA.

Konsortialführer war die *Deutsche Bank* unter anderem bei den Börsengängen der *Deutschen Post*, *Deutschen Telekom*, *Infineon*, *Pixelpark*, *Ricardo.de* und *Maxdata*. Außerdem brachte sie Deutschlands erste Fußballaktie von *Borussia Dortmund* an die Börse.

Für weitere Informationen: www.group.deutsche-bank.de

Aussage	***Bedeutung***	***Zeitziel***
Strong Buy	Sehr gute Kaufgelegenheit zum jetzigen Zeitpunkt; Erwartung, dass sich Aktie signifikant besser entwickeln wird als der Markt	aktuell
Buy	Aktie wird sich im Vergleich zum Markt um mindestens 10 % besser entwickeln	12 Monate
Market Perform	Aktie wird sich im Gleichklang mit lokalem Index entwickeln, d. h. Aktie schwankt um Index-Entwicklung in einer Bandbreite von ±10 %	
Underperform	Aktie wird sich um mindestens 10 % schlechter als der lokale Markt entwickeln	

DG Bank

Der Ursprung der *DG Bank* war die Gründung der »Centralanstalt zur Förderung des genossenschaftlichen Personalkredits« 1895 in Berlin. Sie ist heute Zentralinstitut der genossenschaftlichen Geldinstitute und steht in dieser Eigenschaft auf Rang acht der größten deutschen Banken. Mit 1794 Genossenschaftsbanken, 30 Millionen Kunden und 14,9 Millionen Mitgliedern ist die *DG Bank* eines der führenden genossenschaftlichen Finanzierungsinstitute für Unternehmen des Mittelstandes.
Die *DG Bank* brachte als Konsortialführer z. B. *Kabel New Media*, *Maxdata*, *Web.de*, *Mobilcom*, *Group Technologies*, *Antwerpes* und die *Ision Internet* an die Börse.
Für weitere Informationen: www.dgbank.de

Aussage	***Bedeutung***	***Zeitziel***
Kaufen	Absolutes Kurspotenzial von mehr als 10 %	6 Monate
Akkumulieren	Absolutes Kurspotenzial zwischen 0 und +10 %	
Reduzieren	Absolutes Kurspotenzial zwischen 0 und –10 %	
Verkaufen	Absolutes Kurspotenzial von mehr als –10 %	

Dresdner Kleinwort Wasserstein

Der Zusammenschluss von *Dresdner Kleinwort Benson* mit *Wasserstein Perella* zur neuen Investmentbank *Dresdner Kleinwort Wasserstein (DrKW)* wurde am 4. Januar 2001 vollzogen. Der *Dresdner Bank*-Konzern galt vor seiner Eingliederung in die Allianz-Gruppe mit 1360 Geschäftsstellen und über 50 000 Mitarbeitern in mehr als 70 Ländern der Welt als drittgrößte Geschäftsbank Deutschlands. Nach Bilanzsumme,

Marktwert und Zahl der Kunden zählt die *Dresdner Bank* zu den führenden europäischen Bankengruppen.
Die *Dresdner Kleinwort Wasserstein* brachte als Konsortialführer die *Deutsche Post*, *T-Online*, *Brokat*, *Cinemaxx*, *Infomatec* und die *Maxdata* an die Börse. In jüngerer Zeit gehörte sie bei den Börsengängen von *Nordex* und *Fraport* zum Konsortium der Emissionsbanken.
Für weitere Informationen: www.drkw.com

Aussage	**Bedeutung**	**Zeitziel**
Kaufen	Aktie wird sich im Vergleich zum Index um mindestens 10 % besser entwickeln	12 Monate
Aufstocken	Aktie wird sich im Vergleich zum Index um weniger als 10 % besser entwickeln	
Halten	Aktie wird sich im Gleichklang mit dem Index entwickeln	
Reduzieren	Aktie wird sich im Vergleich zum Index um bis zu 10 % schlechter entwickeln	
Verkaufen	Aktie wird sich im Vergleich zum Index um mind. 10 % schlechter entwickeln	

Goldman Sachs

Goldman Sachs, gegründet 1869, gehört zu den führenden globalen Investitionsbanken mit Hauptsitz in New York und 43 Büros in über 20 Ländern. *Goldman Sachs* gilt als Weltmarktführer bei Unternehmenszusammenschlüssen und den Börseneinführungen von Unternehmen aus dem IT-Bereich.
Konsortialführer war *Goldman Sachs* unter anderem bei *Deutsche Telekom*, *T-Online*, *Teldafax*, *Broadvision*, *Pixelpark*, *Infineon* und *Lycos Europe*.
Für weitere Informationen: www.gs.com

Aussage	Bedeutung	Zeitziel
Recommended Purchase	Aktie wird sich im Vergleich zum Index um mehr als 10 % besser entwickeln (bei Aktien mit Free Float von unter 500 Mio. $: +30 %)	6 bis 18 Monate
Trading Buy	Aktie wird sich im Vergleich zum Index um mehr als 10 % besser entwickeln (bei Aktien mit Free Float von unter 500 Mio. $: +30 %)	0 bis 6 Monate
Market Outperformer	Aktie wird sich im Vergleich zum Index um mehr als 5 % besser entwickeln (bei Aktien mit Free Float von unter 500 Mio. $: +10 bis +30 %)	6 bis 18 Monate
Market Performer	Aktie wird sich im Gleichklang mit dem Index entwickeln (bei Aktien mit einem Free Float von unter 500 Mio. $: Schwankungsbreite von –1 bis +10 %)	
Market Underperformer	Aktie wird sich im Vergleich zum Index um mehr als 5 % schlechter entwickeln (bei Aktien mit Free Float von unter 500 Mio. $: mehr als –10 %)	

Hamburgische Landesbank

Die *Hamburgische Landesbank* ist ein öffentlich-rechtliches Kreditinstitut. Eigentümer sind die Freie und Hansestadt Hamburg sowie (seit 1. Januar 1997) die ebenfalls öffentlich-rechtliche *Landesbank Schleswig-Holstein*. Bei der Finanzierung von Leasinggesellschaften zählt sie zu den führenden Instituten in Deutschland.

Konsortialführer war das Unternehmen unter anderem bei *Systematics*, *P&T Technology*, als Konsortialbegleiter war sie bei *Datasave* und *MPC AG* aktiv.

Für weitere Informationen: www.hamburglb.de

Aussage	Bedeutung	Zeitziel
Market Outperform	Aktie wird sich im Vergleich zur Benchmark um mindestens 10 % besser entwickeln	6 bis 12 Monate
Market Perform	Aktie wird sich im Gleichklang mit der Benchmark entwickeln mit einer Schwankungsbreite von ± 10 %; hat der Markt ein Potenzial von 20 %, stuft die Bank den Wert mit Market Perform ein, wenn das Kursziel zwischen 18 und 22 % über dem aktuellen Kurs liegt	
Market Underperform	Aktie wird sich im Vergleich zur Benchmark um mindestens 10 % schlechter entwickeln	

HSBC Trinkaus & Burkhardt

Die frühere Düsseldorfer Privatbank gehört heute zur *HSBC*-Holding mit Hauptsitz in London. Das internationale Netz der *HSBC*-Gruppe umfasst ca. 6500 Büros in 79 Ländern (Europa, asiatisch-pazifischer Raum, USA, Mittlerer Osten und Afrika).

Das Unternehmen war Konsortialführer unter anderem für *Linos*, *Amatech*, *Syzygy*, *Internetmediahouse.com* und Konsortialbegleiter für die *Deutsche Post*, *Antwerpes*, *T-Online* und *Pixelnet*.

Für weitere Informationen: www.hsbctrinkaus.de

Aussage	Bedeutung	Zeitziel
Kaufen	Aktie wird sich im Vergleich zum Markt um mehr als 15 % besser entwickeln	6 Monate
Aufstocken	Aktie wird sich im Vergleich zum Markt zwischen 5 und 15 % besser entwickeln	
Halten	Aktie wird sich im Vergleich zum Markt im Bereich zwischen +5 und –5 % entwickeln	

Aussage	Bedeutung	Zeitziel
Reduzieren	Aktie wird sich im Vergleich zum Markt zwischen 5 und 15 % schlechter entwickeln	
Verkaufen	Aktie wird sich im Vergleich zum Markt um mehr als 15 % schlechter entwickeln	

HypoVereinsbank

Die *HypoVereinsbank* ist die zweitgrößte private Geschäftsbank in Deutschland. Als Universalbank strebt die *HypoVereinsbank* die Marktführerschaft in ausgewählten europäischen Regionen an. In Bayern, Norddeutschland und Mittel- sowie Osteuropa wurde dieses Ziel bereits erreicht.
Die Bank war Konsortialführer bei *Amatech*, *Bechtle*, *Intertainment*, *Pixelnet* sowie Konsortialbegleiter für *Cinemaxx*, *Deutsche Post*, *EM.TV*, *Kinowelt Medien*, *Teldafax* und *T-Online*.
Für weitere Informationen: www.hypovereinsbank.de

Aussage	Bedeutung	Zeitziel
Buy	Aktie wird sich im Vergleich zum Index um mehr als 10 % besser entwickeln	6 bis 9 Monate
Outperform	Aktie wird sich im Vergleich zum Index zwischen 5 und 10 % besser entwickeln	
Neutral	Aktie wird sich im Gleichklang mit dem Index entwickeln	
Underperform	Aktie wird sich im Vergleich zum Index zwischen 5 und 10 % schlechter entwickeln	
Sell	Aktie wird sich im Vergleich zum Index um mehr als 10 % schlechter entwickeln	

JP Morgan

Die aus der Fusion von *J. P. Morgan* und *Chase Manhattan Corporation* hervorgegangene *J. P. Morgan Chase & Co.* ist eines der größten Geldhäuser der Welt. Das Unternehmen mit Hauptsitz in New York unterhält Niederlassungen in 50 Ländern und betreut damit über 30 Millionen Kunden.
Das Unternehmen war Konsortialführer bei *Jobpilot*, *Debitel*, *Ebookers.com*, *Fraport* und Konsortialbegleiter für *Lycos Europe*, *Direkt Anlage Bank AG* und andere.
Für weitere Informationen: www.jpmorgan.com

Aussage	***Bedeutung***	***Zeitziel***
Buy	Aktie notiert mindest. 10 % unter ihrem fairen Wert und wird diesen mittelfristig erreichen, d. h. die Aktie wird sich um mindestens 10 % besser als der Markt entwickeln; eine Kaufempfehlung ist auch dann gerechtfertigt, wenn die Aktie ein absolutes Aufschwungpotenzial von rund 15 % besitzt	12 Monate
Long-Term-Buy	Aktie notiert mindest. 10 % unter ihrem fairen Wert, aber Zeitraum für erwartete Outperformance ist weniger vorhersagbar; für die Vergabe des Ratings »Long-Term-Buy« müssen aber grundsätzlich Faktoren klar sein, die die Erwartung einer Outperformance realistisch erscheinen lassen	
Market Performer	Aktie notiert bis zu 10 % unter ihrem fairen Wert; das Rating »Market Performer« kann auch für Aktien vergeben werden, die mehr als 10 % unter ihrem fairen Wert gehandelt werden, wenn anzunehmen ist, dass dieser Abschlag von dauerhafter Natur ist	
Market Underperformer	Aktie notiert mind. 10 % über ihrem fairen Wert und wird diesen mittelfristig erreichen, d. h. die Aktie wird sich um mindestens 10 % schlechter als der Markt entwickeln	

Landesbank Baden-Württemberg

Die *Landesbank Baden-Württemberg* (*LBBW*) entstand zum 1. Januar 1999 durch die Vereinigung der *Südwestdeutschen Landesbank Girozentrale* (gegründet 1916), der *Landesgirokasse öffentliche Bank und Landessparkasse* (gegründet 1818) sowie der *Landeskreditbank Baden-Württemberg* (gegründet 1924) und ist als Universalbank und internationale Geschäftsbank aktiv.

Die *LBBW* war als Konsortialführer unter anderem tätig für *Openshop*, *Baeurer*, *CAA* und *Tiscon* sowie als Konsortialbegleiter für *T-Online*, *Deutsche Telekom* und *Bechtle*. Zu den aktuelleren Neuemissionen gehörten die *Nordsee AG* und die *Lignum Technologie AG*.

Für weitere Informationen: www.lbbw.de

Aussage	***Bedeutung bei Standardwerten***	***Zeitziel***
Outperformer	Aktie wird sich um mind. 10 % besser entwickeln als der Markt	kurzfristig: bis 3 Monate langfristig: bis 12 Monate
Marketperformer	Aktie wird sich zwischen ±10 % besser/schlechter als der Markt entwickeln	
Underperformer	Aktie wird sich um mind. 10 % schlechter entwickeln als der Markt	
Aussage	***Bedeutung bei Nebenwerten***	***Zeitziel***
Kaufen	lang- und kurzfristig attraktiv	kurzfristig: bis 3 Monate langfristig: bis 12 Monate
Akkumulieren	langfristig attraktiv, kurzfristig neutral	
Halten	Aktie ist auf angemessenem Niveau	
Reduzieren	langfristig neutral, kurzfristig Rückschlagrisiko	
Verkaufen	lang- und kurzfristig unattraktiv	

M. M. Warburg

Das Hamburger Geldhaus *M. M. Warburg & Co*, Kommanditgesellschaft auf Aktien, ist eine seit 1798 ununterbrochen tätige Privatbank. Seit Anfang 1998 war sie bei 33 Börsengängen Mitglied des Emissionskonsortiums. Von diesen Börsengängen erfolgten 24 am Neuen Markt. In sechs Fällen fungierte *M. M. Warburg* als Konsortialführer oder -mitführer. Zu den betreuten Unternehmen gehörten unter anderem *CDV Software Entertainment*, *Dr. Hoenle*, *Alphaform*. Als Konsortialbegleiter fungierte die Bank bei *Ricardo.de*, *Met@box* und *Heyde*.
Für weitere Informationen: www.mmwarburg.com

Aussage	***Bedeutung***	***Zeitziel***
Kaufen	Kaufempfehlung mit absolutem Kursziel basierend auf fundamentalen Daten	12 Monate
Halten		
Verkaufen	Verkaufsempfehlung mit absolutem Kursziel basierend auf fundamentalen Daten	

Merck Finck & Co.

Das Münchner Unternehmen gilt heute als eine der führenden Privatbanken Deutschlands, wurde vor 130 Jahren in Darmstadt gegründet und hat eine wechselvolle Geschichte erlebt. Denn 1990 verkaufte August von Finck jun. das Unternehmen an die britische *Barclays Bank*, 1999 erfolgte ein erneuter Eigentümerwechsel von *Barclays* zur *Kreditbank S.A. Luxemburg*, kurz *KBL*. Mit diesem Schritt wurde *Merck Finck & Co.* Mitglied im europäischen Privatbanken-Verbund der *KBL*.
Die Bank war unter anderem Konsortialführer für *Boersenmakler Schnigge*, *Allgeier Computer*, *B.I.S. Boersen-Informations-Systeme* und Konsortialbegleiter für *Met@box* und *Isra Vision Systems*.
Für weitere Informationen: www.merckfinck.de

Aussage	Bedeutung	Zeitziel
Buy	Aktienkurs wird steigen, unabhängig von der Entwicklung des Index	6 Monate
Outperformer	Aktie wird sich im Vergleich zum Index um mehr als 5 % besser entwickeln	
Market Performer	Aktie wird sich im Gleichklang mit dem Index entwickeln mit einer Schwankungsbreite von ±5 %	
Underperformer	Aktie wird sich im Vergleich zum Index um mehr als 5 % schlechter entwickeln	
Sell	Aktienkurs wird fallen, unabhängig von der Entwicklung des Index	

Merrill Lynch

Merrill Lynch Investment Managers gehört zu den größten Vermögensverwaltern der Welt mit einem betreuten Anlagevermögen von über 571 Milliarden US-Dollar. Zu den Kunden zählen unter anderem vier der weltweit zehn größten Pensionsfonds, 28 der 50 größten japanischen Unternehmen, 108 der laut »*Fortune*« größten 200 Unternehmen der Welt, 30 Zentralbanken aus sechs Kontinenten und mehr als die Hälfte der Unternehmen im britischen FTSE-100-Index.
Merrill Lynch war u. a. Konsortialführer für die *Epcos AG* und *VIVA Media AG* sowie Konsortialbegleiter für die *Deutsche Post AG* und *Infineon AG*.
Für weitere Informationen: www.mlim.de

Aussage	Bedeutung	Zeitziel
Buy	Aktie wird ein besonders interessantes Wertsteigerungspotenzial beigemessen	mittelfristig: bis 12 Monate langfristig: über 12 Monate
Accumulate	Aktie wird ein interessantes Wertsteigerungspotenzial beigemessen	
Neutral	Aktie wird nur ein begrenztes Wertsteigerungspotenzial beigemessen	
Reduce	Die Aktie hat Rückschlagpotenzial	
Sell	Die Aktie hat hohes Rückschlagpotenzial	

Morgan Stanley Dean Witter

Morgan Stanley Dean Witter & Co. mit Hauptsitz in New York gehört zu den weltgrößten Finanzunternehmen mit Schwerpunkten in der Vermögensverwaltung und im Wertpapierhandel. Dazu werden über 700 Büros in 28 Ländern unterhalten.
Bei den Börsengängen in jüngerer Zeit war *Morgan Stanley Dean Witter* unter anderem für die *Deutsche Post*, *Telegate*, *Teldafax* sowie *Lion Bioscience* und für *Fraport* tätig.
Für weitere Informationen: www.online.msdw.com

Aussage	***Bedeutung***	***Zeitziel***
Strong Buy	Aktie wird sich in nächster Zeit deutlich besser als der Markt entwickeln mit der Erwartung einer Rendite von mind. 20 % über dem Marktdurchschnitt	kurzfristig
Outperform	Aktie ist attraktiv unter Berücksichtigung des Risikos; Aktie ist zudem relativ attraktiv im Vergleich zu den übrigen Werten im Beobchtungsbereich der Analyse	
Neutral	Pro- und Contra-Argumente für einen Wert dieser Kategorie halten sich die Waage; Aktie erscheint fair bewertet	
Underperform	Ausgehend vom aktuellen Kurs wird nicht erwartet, dass sich die Aktie ähnlich gut entwickeln wird wie die übrigen beobachteten Werte	

Sal. Oppenheim

Die vor über 200 Jahren in Köln gegründete Privatbank gehört zu den größten in Europa mit Tochtergesellschaften in der Schweiz und in Luxemburg. Sie ist als unabhängige Privatbank bis heute im Familienbesitz.
Als Konsortialführer bearbeitete sie die Börsengänge der *To-*

morrow Internet AG, *Adori*, *Teles* und *Girindus*. Außerdemwar sie als Konsortialbegleiter für *Maxdata*, *Intershop*, *Telegate*, *Pixelpark* und *Teldafax* tätig.
Für weitere Informationen: www.oppenheim.com

Aussage	**Bedeutung bei Standardwerten**	**Zeitziel**
Strong Buy	Performance-Erwartung über 18 %	6 bis 9 Monate
Outperformer	Performance-Erwartung zwischen 11 und 17 %	
Neutral	Performance-Erwartung zwischen 5 und 10 %	
Underperformer	Performance-Erwartung unter 4 %	
Aussage	**Bedeutung bei Wachstumswerten**	
Strong Buy	Performance-Erwartung über 34 %	
Outperformer	Performance-Erwartung zwischen 21 und 34 %	
Neutral/ Marketperformer	Performance-Erwartung zwischen 10 und 20 %	
Underperformer	Performance-Erwartung unter 10 %	

Salomon Smith Barney

Salomon Smith Barney ist als Tochtergesellschaft der *Citigroup* im globalen Investmentbanking und im Wertpapierhandel aktiv. Betreut werden über 7,4 Millionen Kundenkonten mit einem Gesamtbestand von fast 1 Trillion Dollar.
Sie brachte unter anderem als Konsortialführer *Openshop* und *BKN International* an die Börse und beteiligte sich als Konsortialbegleiter bei *Cargolifter*, *Teldafax* und *Infineon*.
Für weitere Informationen: www.smithbarney.com

Aussage	Bedeutung	Zeitziel
Buy	Low Risk: Kurspotenzial (immer absolut) über 15 % Medium Risk: Kurspotenzial über 20 % High Risk: Kurspotenzial über 25 % Speculative: Kurspotenzial über 30 %	12 bis 18 Monate
Outperform	Low Risk: Kurspotenzial 5 bis 15 % Medium Risk: Kurspotenzial 5 bis 20 % High Risk: Kurspotenzial 20 bis 25 % Speculative: Kurspotenzial 25 bis 30 %	
Neutral	Low Risk und Medium Risk: Kurspotenzial ±5 % High Risk und Speculative: Kurspotenzial ±10 %	
Underperform	Low Risk und Medium Risk: Kurspotenzial zwischen –5 und –15 % High Risk und Speculative: Kurspotenzial zwischen –10 und –20 %	
Sell	Low Risk und Medium Risk: Kurspotenzial ab –5 % High Risk und Speculative: Kurspotenzial ab –20 %	

Außer den vier bereits genannten Risikoklassen gibt es bei *Salomon Smith Barney* noch die Kategorie »Venture« als übergeordnete und höchste Risikostufe. Diese Aktien sind einer Venture-Capital-Beteiligung gleichzusetzen.

Societé Générale

Mit über zehn Millionen Kunden gehört die *Societé Générale* zu den führenden französischen Großbanken und gilt als »eine der rentabelsten in Europa«. Geplant ist der Ausbau der Internet-Aktivitäten mit der auf den elektronischen Börsenhandel spezialisierten Unternehmens-Tochter *Fimatex*, die auch in Deutschland tätig ist.

Die Bank führte unter anderem das *Energiekontor* und *SZ Testsysteme* an die Börse und beteiligte sich als Konsortialbegleiter bei der *Deutschen Post*.

Für mehr Informationen: www.socgen.com

Aussage	***Bedeutung***	***Zeitziel***
Strong Buy	Aktie wird sich um mehr als 15 % besser als der Index entwickeln	12 Monate
Buy	Aktie wird sich 5 bis 15 % besser als der Index entwickeln	
Hold	Aktie wird sich wie der Index entwickeln mit einer Schwankungsbreite von ±5 %	
Underperform	Aktie wird sich 5 bis 15 % schlechter als der Index entwickeln	
Sell	Aktie wird sich um mehr als 15 % schlechter als der Index entwickeln	

Vontobel

Die weltweit ausgerichtete Schweizer Bank *J. Vontobel & Co.* hat sich nach schweizerischer Privatbank-Tradition schwerpunktmäßig auf die Vermögensverwaltung ausgerichtet.
Enge Geschäftsbeziehungen unterhält das Bankhaus unter anderem zur *Intershop AG*, bei der sie Konsortionalführer war und von der ein Bankenkonsortium unter Führung *Vontobels* eine Million Aktien übernommen hat. Beteiligt war *Vontobel* auch an den Börsengängen von *I-D Media*, *Adlink Internet Media AG*, *Jobpilot*, *DCI* und *Teles.*
Für weitere Informationen: www.vontobel.ch

Aussage	***Bedeutung***	***Zeitziel***
Substantial Outperform (++)	Aktie wird sich um mind. 40 % besser als der Index entwickeln	6 bis 12 Monate
Superior Performer (+)	Aktie wird sich um mind. 20 % besser als der Index entwickeln	
Neutral (0)	Aktie wird sich im Gleichklang mit dem Index entwickeln	
Underperformer (–)	Aktie wird sich schlechter als der Index entwickeln	

WestLB Panmure

Unter dem Namen *WestLB Panmure* hat die *Westdeutsche Landesbank Girozentrale* ihre Dienstleistungen im Investment-Banking zusammengefasst. Die *WestLB* ist das größte öffentlich-rechtliche Kreditinstitut in Deutschland.

In den vergangenen Jahren hat sich *WestLB Panmure* insbesondere durch die Begleitung von Börsengängen am Neuen Markt einen Namen gemacht. Zu den Unternehmen, mit denen besonders enge Geschäftsbeziehungen gepflegt wurden oder werden, gehören unter anderem *EM.TV*, *Drillisch*, *Cycos*, *Infomatec*, *DCI*, *Internolix*, *Ricardo.de*, *Deutsche Post*, *T-Online* und *Jobpilot*.

Für weitere Informationen: www.westlb.de und www.westlbpanmure.com

Aussage	Bedeutung	Zeitziel
Buy	Aktie wird sich um mehr als 20 % besser als der Index entwickeln	12 Monate
Outperformer	Aktie wird sich zwischen 10 und 20 % besser als der Index entwickeln,	
Neutral	Aktie wird sich wie der Index entwickeln mit einer Schwankungsbreite von ±10 %	
Underperformer	Aktie wird sich zwischen 10 und 20 % schlechter als der Index entwickeln	
Sell	Aktie wird um mehr als 20 % schlechter als der Index abschneiden	

WGZ-Bank

Die *Westdeutsche Genossenschafts-Zentralbank eG* ist die Zentralbank der Volksbanken, Raiffeisenbanken sowie Spar- und Darlehenskassen im Rheinland und in Westfalen und als Geschäftsbank überwiegend auf Dienstleistungen für Unter-

nehmen, institutionelle Anleger, Finanzinstitutionen, vermögende Privatkunden sowie die öffentliche Hand ausgerichtet. Intensive Geschäftsbeziehungen pflegt die *WGZ-Bank* – auch seit den entsprechenden Börsengängen – unter anderem zu *Nordwest Handel AG*, *Windwelt AG*, *Borussia Dortmund*, Inernolix und *Intraware*.
Für weitere Informationen: www.wgz.de

Aussage	***Bedeutung***	***Zeitziel***
Outperformer	Aktie wird sich im Vergleich zum Gesamtmarkt um mindestens 10 % besser entwickeln	6 Monate
Marketperformer	Aktie wird sich wie der Gesamtmarkt entwickeln mit einer Schwankungsbreite von ± 10 %	
Underperformer	Aktie wird sich mindestens um 10 % schlechter als der Gesamtmarkt entwickeln	

Der aktive Anleger – Aktien selbst analysieren

Mit den hier erläuterten Kennziffern und Bewertungsmaßstäben lassen sich zuverlässige Anhaltspunkte für die Auswahl von Aktien treffen – unabhängig davon, ob es sich um Werte der »New Economy« (IT-Unternehmen, Internetwerte) oder der »Old Economy«, den klassischen Branchen, handelt. Vielfach wird die Auffassung vertreten, die Werte der »New Economy«, allen voran die »dot-com«-Unternehmen des Internets (dot für englisch »Punkt«), ließen sich gar nicht mit den klassischen Kennziffern bewerten. Die hingegen gehen davon aus, dass allein die Tatsache, mit einer neuen Geschäftsidee im Internet einmal Geld verdienen zu können, nicht genügt. Entscheidend sind auch bei der Bewertung solcher Unternehmen die Fragen nach echten Werten. Die folgende Übersicht zeigt, worauf es dabei vor allem ankommt.

Wesentliche Prüfpunkte für die Unternehmensqualität

Substanzwert	Ergibt sich aus dem Vorhandensein von Anlagen, Maschinen, Grundstücken, Patenten usw., dabei kann auch berücksichtigt werden, wie viele finanzielle Reserven (z. B. Gelder aus dem Börsengang) ein Unternehmen besitzt und wie diese angelegt sind (sicher in Festzinspapieren oder spekulativ in Wachstumsaktien, als Venture-Kapital)
Management	Zu prüfen ist, über welche Erfahrungen das Management verfügt und welche Referenzen die handelnden Personen zu bieten haben, ob sie in vergleichbaren Positionen aktiv waren und welche Erfolge oder Misserfolge dort erzielt wurden

Gewinn-aussichten	Gerade die Erfahrungen aus der jüngsten Vergangenheit zeigen, dass der Anleger Unternehmen ohne aktuelle Gewinnerzielung oder mit erst für die Zukunft in Aussicht gestellten Gewinnen gänzlich meiden sollte. Ein weiteres Kriterium ist, ob bei steigenden Umsätzen der jüngeren Vergangenheit die Gewinne zugenommen haben oder ob die Mehrumsätze mit der Inkaufnahme höherer Verluste erzielt wurden

Die wichtigsten Prüfpunkte für den Anleger lassen sich relativ einfach abhaken: Dazu müssen vor jedem Engagement alle Berichte über das Unternehmen in den einschlägigen Wirtschaftsnachrichten sehr genau beachtet werden. Und zusätzlich sind die nachfolgend erläuterten Kennziffern heranzuziehen, die in fast allen Spezialzeitschriften für Anleger und auch in vielen täglichen Kursübersichten zu bekommen sind.

Marktkapitalisierung in Realisation zur Substanz

Marktkapitalisierung und Börsenwert sind zwei Begriffe, die dasselbe meinen. Sie geben an, welchen aktuellen Wert das Unternehmen auf der Basis seines Aktienkurses und der Zahl der Aktien verkörpert. Dies wird nach der Formel »Zahl der Aktien X aktueller Aktienkurs« festgestellt. Für sich allein betrachtet sagt diese Zahl jedoch nur wenig aus. Deshalb sollte man sie im Vergleich zu anderen Unternehmen derselben Branche oder bekannten Unternehmen mit hoher Substanz betrachten – dann lässt sich am Börsenwert viel erkennen.
Anhand dieser Kennzahl war oft zu sehen, dass neu gegründete Internet-Firmen, die nur über einige gemietete Räume, geleaste Rechner und Schreibtische sowie eine Hand voll Personal verfügten, einen ähnlichen Börsenwert aufwiesen wie etablierte Substanzwerte. Das sollte dem Anleger zu denken geben, denn die Frage, woran man mit seiner Aktie eigentlich beteiligt ist, wird auf die Idee und das Personal reduziert.
Grundsätzlich lässt sich folgende Regel aufstellen:

- Je höher der Börsenwert ist, desto mehr Substanz (Gebäude, Grundstücke, Maschinen) sollte ein Unternehmen besitzen.

Hilfreich für die Substanzbeurteilung eines Unternehmens ist, stets einen festen Vergleichsmaßstab heranzuziehen, etwa ein bekanntes und renommiertes Unternehmen wir z. B. den Reifenhersteller *Continental*, der unter der Wertpapierkennnummer 543 900 im M-Dax zu finden ist. Dem Reifenhersteller gehört am Firmensitz in Hannover fast ein ganzer Stadtteil mit eigenem Hafen, Fabrik- und Lagerhallen. Skepsis ist dann angebracht, wenn andere oder neue Unternehmen einen ähnlich hohen Börsenwert, aber nur einen verschwindend geringen Substanzwert aufzuweisen haben.

Das Verhältnis von Börsenwert und Umsatz beachten

Das so genannte Börsenwert-Umsatzverhältnis wird oft auch mit der englischen Bezeichnung »Cap-Sales-Ratio« angeführt und lässt sich hervorragend für den Vergleich von verschiedenen Aktien aus demselben Marktsegment heranziehen. Berechnet wird diese Kennziffer nach der Formel »Börsenwert : aktuellen Umsatz« und gibt damit an, wie viel der Anleger beim Aktienkauf für einen Euro Umsatz zu bezahlen hat. Das können bei Unternehmen der New Economy über 100 Euro pro Euro Umsatz sein, bei klassischen Unternehmen liegt dieser Wert oft um ein Zehnfaches niedriger. Der Anleger muss folgende Grundregel kennen:

- Je niedriger der Aktienpreis pro Euro Umsatz ist, desto lohnender stellt sich der Einstieg dar.

Im Übrigen ist diese Kennziffer ein gutes Beurteilungskriterium auch für junge Unternehmen der New Economy, bei denen sich nur wenige andere ermitteln lassen. Um Verzerrungen zu vermeiden, sollten aber immer möglichst solche Unternehmen gewählt werden, die auf fast identischen Geschäftsfeldern tätig sind. Dann ist auch ein sehr hohes Börsenwert-Umsatzverhältnis nicht damit zu rechtfertigen, dass große Fantasie in dem Wert liegt. Die müsste schließlich bei anderen Unternehmen mit denselben Geschäftsinhalten ähnlich vorhanden sein – oder der Wert ist überteuert.

Zahlen zum Gewinn pro Aktie wenig aussagekräftig

In den Übersichten für Anleger sehr häufig als wichtige Kennzahl angegeben, sagt der Gewinn pro Aktie für sich betrachtet eigentlich nichts aus. Denn was interessiert den Anleger schon der Gewinn ohne Berücksichtigung des Preises, der für die Aktie zu zahlen ist? Deshalb stellt diese Kennziffer, ermittelt nach der Formel »Gesamtgewinn : Zahl der Aktien« (zu entnehmen aus allen umfangreichen Kurslisten in Wirtschaftszeitungen) nur einen Zwischenschritt dar, um das erheblich aussagefähigere Kurs-Gewinn-Verhältnis (siehe nächsten Abschnitt) zu ermitteln.

Besonders wichtig: Verhältnis von Kurs und Gewinn

Das Kurs-Gewinn-Verhältnis (KGV) ist eine klassische und wichtige Kennzahl bei der Bewertung einer Aktie, im Englischen als »Price-Earning-Ratio« (PER) bezeichnet. Allerdings steht uns diese Kennzahl bei Unternehmen der New Economy praktisch nie zur Verfügung, da oft noch keine Gewinne ausgewiesen werden, mit denen wir nach der Formel »Aktienkurs : Gewinn pro Aktie« das KGV ermitteln könnten. Heranziehen lässt sie sich deshalb ohne Einschränkungen nur bei etablierten Unternehmen. Im Gegensatz zu vielen anderen Kennziffern kann das KGV aber auch verwendet werden, um

Unternehmen branchenübergreifend zu bewerten. Die Faustregel für den Anleger lautet:

- Je niedriger das KGV, desto billiger ist die Aktie.

Von sehr spekulativ ausgerichteten Anlegern ist gelegentlich zu hören, kein Interesse am Kurs-Gewinn-Verhältnis einer Aktie zu haben – ihnen ginge es nur um das Kurspotenzial. Doch diese Aussage ist so schlicht wie falsch. Denn wohin bitte soll der Kurs einer Aktie noch Potenzial haben, wenn ihr KGV bereits bei 200 oder 300 bzw. weit über dem KGV anderer Unternehmen derselben Branche liegt? In guten Kursübersichten sind übrigens KGV-Angaben für das laufende und das folgende Jahr zu finden, die auf Basis der Gewinnprognosen erstellt werden und einen Trend erkennen lassen. Je deutlicher das KGV für das Folgejahr unter dem des laufenden liegt, desto mehr spricht für den jeweiligen Wert. Denn dadurch drückt sich eine steigende Gewinnerwartung aus.
Hier wird auch deutlich, warum eine von Unternehmen vorgelegte Korrektur der Gewinnzahlen und erst recht eine ausgesprochene Gewinnwarnung den Börsenkurs sogar ins Bodenlose stürzen lassen kann: Die neuen Zahlen führen zu einer Verschlechterung des KGV oder bedeuten das Ende eines Trends, auf den man gesetzt hat.

Dividendenrendite verspricht Sicherheit

Diese als Prozentsatz angegebene Kennziffer drückt die Verzinsung des in eine Aktie gesetzten Kapitals für das aktuelle und oft auch für das Folgejahr aus. Ermittelt wird sie nach der Formel »Dividende : Börsenkurs x 100« und kann darum zum klassischen Vergleich einer Geldanlage in Aktien mit anderen Anlagen herangezogen werden, etwa in Anleihen bzw. Bonds. Der Anleger hat dabei folgende Faustregel zu beachten:

- Je höher die Dividendenrendite, desto besser wird das mit der Aktie gebundene Kapital verzinst.

Auf Grund dieser Aussage läge der Schluss nahe, dass grundsätzlich Aktien mit der höchsten Dividendenrendite zu bevorzugen seien – dies ist falsch. Bei Immobilienaktien ebenso wie bei manchen Hightech-Werten ist es erklärte Politik des Managements, die Gewinne nicht auszuschütten, sondern in das Unternehmen zu investieren und so einen Mehrwert für den Aktionär in Form von Kursgewinnen zu schaffen, die viel interessanter sein können.
Um das festzustellen und eine solche Strategie zu überprüfen, muss man sich aber die Veröffentlichungen des Managements und auch die Bewertung des Unternehmens und seiner Dividendenstrategie in den Wirtschaftsnachrichten genau anschauen. Dort sollte sich eine Bestätigung dafür finden lassen, dass hohe Investitionen stattfanden oder Geld in Firmenkäufe investiert wurde. Zu beachten ist, dass das Unternehmen Geld nur für die Käufe solcher Firmen ausgibt, die Gewinne schreiben. Wenn nur Umsätze und Verluste hinzugekauft werden, können – wie bereits im Zusammenhang mit *Kabel New Media* beschrieben – plötzlich die Finanzierungskosten für den Kauf verlustreicher Firmen das ganze Unternehmen in die Zahlungsunfähigkeit treiben. Bei Firmenzukäufen sind unbedingt die Folgekosten z. B. durch Finanzierung zu betrachten.

Die Finanzkraft kontrollieren

Der Cashflow gibt die Finanzkraft eines Unternehmens an und setzt sich aus dem Bilanzgewinn sowie den Abschreibungen zusammen. Er allein sagt aber nichts aus, wenn dabei nicht die Zahl der Aktien und deren aktueller Börsenkurs berücksichtigt werden. Dies geschieht, wenn man den Cashflow durch die Zahl der Aktien teilt, somit den Cashflow pro Aktie erhält und dann nach der Formel »Börsenkurs : Cashflow pro Aktie« das Kurs-Cashflow-Verhältnis (KCV) ermittelt. Erfreulicherweise wird uns diese mühselige Rechnerei in vielen Kurslisten und auch in den Quoten-Infos aus dem Internet zu einzelnen Werten abgenommen. Die Bewertung des Kurs-Cashflow-Verhältnisses entspricht dem des Kurs-Gewinn-Verhältnisses. Deshalb kann sich der Anleger an folgender Faustregel orientieren:

- Je niedriger das KCV, desto billiger ist die Aktie.

Das KCV lässt sich auch für Aktien von Unternehmen ermitteln, bei denen mangels Datenbasis noch kein KGV anzugeben ist. So können über das KGV unterschiedliche Aktien derselben Branche verglichen werden. Branchenübergreifend kann dies jedoch zu Verzerrungen führen, weil bei den traditionellen Bereichen ein KCV um zehn als üblich angesehen wird, während es bei Unternehmen der New Economy auch bei 70 oder über 100 liegen kann.

Gewinnwachstum in der Bewertung

Vor allem bei den Newcomern an der Börse sind Bewertungskennziffern zu verzeichnen, die nur schlecht anmuten und jeden Aktienkauf an den Rand der Geldvernichtung rücken – wenn nicht Fantasie und Hoffnung auf glänzende Zukunftsaussichten mitspielten. Um hier Hoffnungen und aktuelle Situation in ein vernünftiges Verhältnis zu setzen, wird zur Bewertung von Wachstumsaktien häufig auf das KGV-Gewinnwachstum-Verhältnis ausgewichen, auch als »Price-Earning-Growth-Ratio« (PEG) bezeichnet, bei der nach der Formel »KGV : Gewinnwachstum« eine Kennziffer ermittelt werden kann, die zur Kostenbewertung der Aktie dient. Liegt die PEG unter eins, ist sie preiswert, weil auch ein astronomisches KGV durch hohes Gewinnwachstum als gerechtfertigt gilt. Entspricht die PEG dem Wert eins, wird von einer normalen bzw. fairen Bewertung der Aktie ausgegangen. Je weiter die PEG über eins kommt, desto teurer ist die Aktie. Der Anleger kann sich an folgende Faustregel halten:

- Je niedriger die PEG, desto besser schneidet die Aktie in der Beurteilung ab.

Zwar folgt die Price-Earning-Growth-Ratio der Überlegung, dass z. B. bei einem Gewinnwachstum von 200 Prozent auch ein KGV von 150 bis 200 gerechtfertigt sein kann. Skeptische Anleger prüfen allerdings genau, ob die Angaben zum Gewinnwachstum realistisch sind. Insbesondere achten sie darauf, ob die Prognosen der Vergangenheit eintraten oder ob Erwartungen in der Vergangenheit bereits mehrmals nach unten korrigiert werden mussten.

Die Bilanzen im Visier

Im Zuge der Globalisierung und aus dem Bestreben, international vergleichbare Kennzahlen zu schaffen, haben sich in den letzten Jahren eine Reihe von neuen Begriffen in Wirtschaftsnachrichten und Unternehmensberichte eingebürgert, die für den Anleger aufschlussreich sind.
Als Gewinngröße wird z. B. oft das so genannte »Ebita« angegeben – die Abkürzung für »Earnings before interests, taxes and amortisation«. Diese Gewinnbeschreibung vor Zinsen, Steuern und Goodwill-Abschreibungen wird vor allem von solchen Unternehmen bevorzugt, die bei Unternehmenszukäufen oder Übernahmen hohe Aufpreise zu zahlen hatten,

die als so genannter »Goodwill« zu berücksichtigen sind. Sie gibt den Erfolg des operativen Geschäfts an und kann mit Ebita-Kennzahlen anderer Unternehmen verglichen werden. Anders wird der Vorstand eines Unternehmens verfahren, der sehr viel Kapital in Sachwerten gebunden hat, zum Beispiel in Maschinen. Deren Ziel wird es sein, die hohen Abschreibungen auf die Sachanlagen aus den Angaben zum Gewinn herauszurechnen. Das gelingt, wenn der Gewinn vor Zinsen und Steuern sowie vor Abschreibungen auf Goodwill und Sachanlagen angegeben wird. Entsprechend wird das mit »Ebitda« für »Earnings before interests, taxes, depreciation and amortisation« angegeben.

Und eine weitere Gewinnkennzahl gilt es zu berücksichtigen – verwendet von Unternehmen, die ihre Mitarbeiter (gleichgültig, ob alle oder nur die leitenden) mit Aktienoptionen (Stock-Options) verwöhnen. Nach den amerikanischen Bilanzierungsregeln müssen die dadurch entstehenden Belastungen als ein den Gewinn mindernder Aufwand berücksichtigt werden. Der verbleibende reduzierte Gewinn ließe dann jedoch diese Unternehmen im Vergleich zu anderen schlechter aussehen. Folglich wird in solchen Fällen gern der Gewinn vor Zinsen und Steuern sowie vor Abschreibungen auf Goodwill und Sachanlagen und Stock-Options-Gewinn angegeben. Die Kennzahl dafür heißt »Ebitdaso« für »Earnings before interests, taxes, depreciation, amortisation and stock-options«.

Eine einfache Art der Gewinndarstellung ist es, diesen im Verhältnis zum investierten Kapital auf Basis der Buchwerte anzugeben. Der Buchwert ist nämlich nach erfolgten Abschreibungen oft sehr niedrig. Folglich ergibt sich hier eine sehr schön anzusehende Gewinnangabe, die meist mit dem Begriff »Return on Capital Employed« (ROCE) ausgewiesen wird.

Überall dort, wo neue Geschäftsfelder mit hohen Investitionen erschlossen werden, stehen noch nicht abgeschriebene Sachanlagen mit hohen Buchwerten in den Bilanzen. Hier versucht der Vorstand die Gewinnzahlen nicht durch hohe Abschreibungen zu belasten. In diesem Fall kann der »Cashflow Return on Investment« (CFROI) als Kennziffer herangezogen werden. Sie ermöglicht eine Bewertung des Unternehmenserfolgs unabhängig von den Abschreibungen auf Goodwill. Dabei wird der Gewinn (der sich aus Jahresüberschuss, Abschreibungen und Veränderungen in den Rückstellungen, dem Cashflow ergibt) nur auf das eingesetzte Vermögen nach den Anschaffungswerten bezogen.

Besondere Bewertungsmaßstäbe bei Wachstumsaktien und Neuemissionen

Angesichts des Niedergangs vieler Internet-Werte soll dies nicht zu dem Schluss führen, sich in diesem Segment nicht mehr zu engagieren. Wichtig ist, sich die Geschäftsmodelle genauer anzuschauen und sie kritischer zu hinterfragen, als dies in der Vergangenheit oft geschehen ist.
Sicher ist, dass die Zukunft nicht jenen Unternehmen gehört, die nur irgendetwas aus dem normalen Leben ins Internet bringen wollen. Aber wer überzeugende Inhalte (Content) zu bieten hat, wer die Technik liefern kann, der ist auf der sicheren Seite. Auch Firmen der New Economy werden sich daran messen lassen müssen, ob die Kennzahlen ein finanzielles Engagement sinnvoll erscheinen lassen oder nicht. Zur Bewertung heranziehen sollte der Anleger bei jungen Wachstumswerten vor allem das

- Kurs-Cashflow-Verhältnis (KCV),
- KGV-Gewinnwachstum-Verhältnis,
- Börsenwert-Umsatz-Verhältnis.

Bei Neuemissionen, deren Preisfindung meistens im Rahmen einer Bookbuilding-Spanne stattfindet, sollte zunächst darauf geachtet werden, dass der Mittelwert der Spanne des Ausgabepreises

- dem Aktienkurs vergleichbarer Unternehmen entspricht,
- Umsatzzahlen im Verhältnis zum Mittelwert nicht unter denen vergleichbarer Werte liegen bzw.
- die Kundenzahlen im Verhältnis zum Mittelwert nicht unter denen anderer Unternehmen liegen.

Gehen Sie nicht davon aus, auch in einem insgesamt guten Börsenumfeld mit allgemein wieder anziehenden Kursen, dass bei Neuemissionen – wie in der Vergangenheit – garantierte Gewinne winken. Wer künftig noch Neuemissionen blind und ohne genaue Analyse zeichnet, muss mit erheblichen Verlusten rechnen. Der Trend bei Neuemissionen lässt ganz deutlich erkennen: Internet-Unternehmen verspüren kräftigen Gegenwind und haben es mittlerweile schwerer als Unternehmen in anderen Geschäftsfeldern.
Will ein Anleger Neuemissionen zeichnen, ist er gut beraten, den vorbörslichen Telefonhandel für die entsprechenden Werte im Auge zu behalten und sich zu informieren, zu welchen Preisen die Aktien auf dem »grauen« Markt gehandelt werden. Bei deutlichem Negativtrend kann die Order immer noch gestoppt werden. Zu welchen Preisen neue Aktien vorbörslich gehandelt werden, ist bei jedem Geldinstitut zu erfahren oder im Internet abrufbar. Beste Adressen dafür sind z. B. der Börsenmakler Schnigge (www.schnigge.de) oder auch das Wertpaierhandelshaus *Lang & Schwarz* (www.ls-d.de).

Beteiligungen an Venture-Capital-Gesellschaften – höchstes Anlegerrisiko

Eine Prüfung von Börsen-Neulingen für den privaten Investor ist sehr schwierig, die Seriosität von Management und Zahlenwerken kaum umfassend einzuschätzen. Wer sich deshalb nicht direkt an jungen Unternehmen beteiligen mag, kann Aktien von Venture-Capital-Gesellschaften erwerben. Diese engagieren sich an Unternehmen oft schon vor deren Börsengang, bringen neben dem Kapital Wissen ein und sorgen nach besten Kräften dafür, dass die junge Geschäftsidee ein Erfolg wird. Vorteil für den Anleger kann sein, dass sein eingesetztes Kapital auf mehrere aufstrebende Unternehmen verteilt wird, das Risiko dadurch und durch das hoffentlich erfolgreiche Management der Venture-Capital-Gesellschaft gestreut und verringert wird. Anders als in Deutschland und Europa, wo Firmengründer entweder aus eigener finanzieller Kraft den Start meistern mussten oder auf Bankkredite angewiesen waren, hat in den USA die Risikokapital-Finanzierung eine lange Tradition.

- Im Zuge der zahlreichen Neugründungen in den letzten Jahren hat sich dieser Trend auch in Deutschland und Europa durchgesetzt.

Allerdings ist auch das keine Garantie für Gewinne. Die klassische Regel für den Einsatz von Venture-Capital lautet: Von einer Vertausendfachung des Engagements bis zum Totalverlust ist alles drin. Im Gegensatz zu Börsenneulingen sind aber die Aktien der Beteiligungsgesellschaften anhand der klassischen Kennzahlen einzuschätzen. Eine Auswahl von Risikokapital-Gesellschaften, an denen sich Aktionäre beteiligen können, zeigt unsere Übersicht.

Venture-Capital-Unternehmen an der Börse (Auswahl)

Name	*WKN*	*KGV 2001**	*KCV 2001**
Augusta	508 860	10,18	3,09
Adcapital, Berliner Elektro	521 450	keine Angabe	keine Angabe
BMP	523 540	keine Angabe	3,43**
Deutsche Beteiligungs AG	550 810	10,38	7,97
Indus Holding	620 010	8,65**	6,54**
Internetmediahouse	613 860	3,28**	2,76**
Knorr Capital Partner	768 612	keine Angabe	keine Angabe
Sparta Beteiligungen	724 520	keine Angabe	keine Angabe
TFG Venture	744 950	4,14	3,69
UCA Unternehmer-Consult	701 200	keine Angabe	keine Angabe
United Internet	508 903	keine Angabe	27,64

* Berechnungen im Juli 2001 auf Basis der Xetra-Kurse

** Werte für 2000

Bewertungsfaktor Management

Wichtiges Kriterium bei der Aktienwahl und der Beurteilung der Kurschancen ist die Qualität des Managements und dessen Informationspolitik (auch »Investor-Relations« genannt) gegenüber den Anlegern. Die Qualität der Informationen von Seiten des Managements wird immer wieder gerügt von Anlegervertretern wie z. B. der Deutschen Schutzvereinigung für Wertpapierbesitz (DSW, Humboldtstraße 9, 40237 Düsseldorf), die für ihre Mitglieder (Jahresbeitrag rund 75 Euro) unter anderem die in der Aktienszene gefürchteten Flop-Listen erstellt.

Dafür werden unter anderem die Quartalsberichte der Unternehmen daraufhin überprüft, ob aktuelle Geschäftszahlen einschließlich Angaben zu Investitionen und Mitarbeitern vorhanden sind. Oft aber finden die Anlegervertreter keine wesentlichen Informationen zum Gewinn pro Aktie, zum Betriebsergebnis nach Unternehmenssegmenten oder eine Kurzfassung der Gewinn-und-Verlust-Rechnung, von Prognosen zu Umsatz, Ergebnis und Ausschüttung ganz zu schweigen. Für den Aktionär aber sollte »sein« Unternehmen gläserne Kassen und Wände haben. Wer etwas zu verbergen hat, ist keine gute Adresse für das Anlegerkapital.

Management auf Tauchstation

Die *Deutsche Telekom AG* schneidet z. B. relativ schlecht ab – obwohl sie viel Geld für Öffentlichkeitsarbeit ausgibt. Aber es sind kaum sachgerechte Informationen für Anleger, sondern eher inhaltsleere Werbekampagnen, die vor allem einen Zweck erfüllen sollen: Anleger zu beruhigen, die angesichts der dramatischen Kursverluste dieser »Volksaktie« unruhig wurden.

Noch schlechter bewertet wurde *VW:* In der im Jahr 2000 veröffentlichten *DSW*-Bewertung von Quartalsberichten bekam das Unternehmen eine Fünf. Für viele Unternehmen wenig schmeichelhaft ist auch eine Untersuchung der Fondsgesellschaft *DWS* zur Qualität der Aufsichtsräte, die in Zusammenarbeit mit der belgischen Beratungsfirma *Déminor* angestellt wurde. Dabei wurden z. B. die Transparenz und die erfolgsabhängige Bezahlung des Managements sowie die Einschränkung der Mitspracherechte von Aktionären (stimmrechtlose

Vorzugsaktien, Beschränkung des Höchststimmrechts) geprüft. Als bestes Unternehmen schnitt *DaimlerChrysler* mit 71,2 von 100 möglichen Punkten ab. *VW* landete wieder auf dem letzten Platz. Beide Bewertungen haben wir in einer Tabelle zusammengefasst.

Schlechte Informationspolitik macht Anleger misstrauisch

Wenn Unternehmen ihre Inhaber, die Aktionäre, unzureichend informieren, könnte etwas zu verheimlichen sein. Misstrauen ist dann angebracht. Außer einer Prüfung der klassischen bereits beschriebenen Kennzahlen zum Unternehmen sollte also auch die Arbeit des Managements anhand der regelmäßig in Wirtschaftsnachrichten veröffentlichten Ratings beurteilt werden. Wenn wie bei der *Deutschen Telekom* nur mittelmäßige Noten fürs Management vorliegen und der Anleger bei den Aktien ein überdurchschnittliches Kurs-Gewinn-Verhältnis oder andere schlechte Kennzahlen hinnehmen muss, erleichtert dies die eigene Entscheidung.

Wie Aufsichtsräte und Quartalsberichte bewertet werden

Unternehmen	*DWS-Urteil (bestes: 100)*	*DSW-Note (beste: 1)*
Adidas-Salomon	68,9	2
Allianz	63,7	3
BASF	57,7	3
Bayer	61,5	3
BMW	32,8	5
Commerzbank	64,5	4
DaimlerChrysler	71,2	2

Unternehmen	*DWS-Urteil (bestes: 100)*	*DSW-Note (beste: 1)*
Deutsche Bank	65,6	3
Deutsche Telekom	59,2	4
Dresdner Bank	64,4	3
Henkel	49,3	4
HypoVereinsbank	44,3	3
Karstadt Quelle	46,6	5
Linde	52,4	4
Lufthansa	65,9	3
MAN	55,3	4
Metro	35,9	4
Münchener Rückvers.	48,8	3
RWE	37,6	2
SAP	54,7	5
Schering	62,2	3
Siemens	63,1	2
Volkswagen	16,0	5

Quellen: DWS – Deutsche Gesellschaft für Wertpapier-Sparen und DSW – Deutsche Schutzvereinigung für Wertpapierbesitz

Prüfstelle Rating-Agenturen

Dass auf die Aktienanalysen nur bedingt Verlass ist und der Anleger in der Lage sein muss, dort auch zwischen den Zeilen zu lesen, wissen wir. Eine weitere Möglichkeit, die Chancen einer Aktie zu bewerten und außerdem festzustellen, wie es um die Sicherheit der jeweiligen Anlage bestellt ist, bieten die

Bewertungen eines Unternehmens und der von ihm herausgegebenen Wertpapiere (Anleihen) durch Rating-Agenturen. Solche Ratings zur Bonität von Ländern ebenso wie von Unternehmen stellen unter anderem die beiden bekanntesten Rating-Agenturen *Moody's* sowie *Standard & Poor's* (*S&P*) auf. Vor allem bei sehr großen Unternehmen, die zur Deckung ihres Bedarfs an Fremdkapital selbst Anleihen (festverzinste Wertpapiere) begeben bzw. auflegen, können die Ratings als wichtige Indikatoren für den Erfolg einer Aktienanlage herangezogen werden.

In den Wirtschaftsnachrichten ist meist umgehend zu lesen, wenn die Rating-Agenturen *Moody's* oder *Standard & Poor's* die Bewertung eines Unternehmens herabgesetzt oder verbessert haben. Solche Meldungen sind unbedingt zu beachten. So ging z. B. dem Niedergang des Kurses bei der *Deutschen Telekom* eine erhebliche Rückstufung des Unternehmens in den Ratings voraus. Grund dafür war der erhebliche Kapitalbedarf wegen der mehrere Milliarden Euro teuren Ersteigerungen von UMTS-Lizenzen für den Mobilfunk.

Außer der Kurzmeldungen in Wirtschaftsteilen zur Herab- oder Heraufstufung von Unternehmen durch die Rating-Agenturen berichtet z. B. das »*Handelsblatt*« regelmäßig über neue Unternehmensanleihen und weist dabei auf die aktuellen Ratings hin. Ebenso kann man seine Bank nach dem aktuellen Rating für ein Unternehmen fragen und sich darauf bei seiner Anlageentscheidung stützen. Was die Kennzeichen bedeuten und wo ein Unternehmen danach im Gesamtfeld bzw. im Vergleich zu direkten Mitbewerbern liegt, zeigt unsere Übersicht.

So sind die Kennzeichen der Rating-Agenturen zu lesen

Einschätzung des Bonitätsrisikos	*Moody's*	*S&P**
Anlagebereich (investive Anlage)		
Beste Qualität, geringstes Ausfallrisiko	Aaa	AAA
Hohe Qualität, aber etwas größeres Risiko als die Spitzengruppe	Aa1 Aa2 Aa3	AA+ AA AA–
Gute Qualität, viele gute Investmentattribute, aber auch Elemente, die sich bei veränderter Wirtschaftsentwicklung negativ auswirken können	A1 A2 A3	A+ A A–
Mittlere Qualität, aber mangelnder Schutz gegenüber sich verändernder Wirtschaftsentwicklung	Baa1 Baa2 Baa3	BBB+ BBB BBB–
Spekulationsbereich (spekulative Anlage)		
Spekulative Anlage, nur mäßige Deckung für Zins- und Tilgungsleistung	Ba1 Ba2 Ba3	BB+ BB BB–
Sehr spekulativ, geringe Sicherheit der langfristigen Schuldenbedienung	B1 B2 B3	B+ B B–
Niedrigste Qualität, geringster Anlegerschutz oder in direkter Gefahr des Zahlungsverzugs (S&P) bzw. in Zahlungsverzug (Moody's)	Caa Ca C	CCC CC C
*Übliche Abkürzung für »Standard & Poor's«.		

Quelle: Helaba Trust

Ratings bewerten Ausfallrisiken

Ursprünglich wurden die Ratings vor allem zur Einschätzung von Anleihen benötigt. Bei diesen festverzinsten Wertpapieren kommt es den Anlegern meistens darauf an, für eine vorhersehbare Laufzeit garantierte Ausschüttungen zu erhalten, deshalb ist die Zahlungsfähigkeit des Schuldners wichtig. Diese Zahlungsfähigkeit einzustufen, dafür wurden die Ratings ursprünglich erfunden. Denn gekoppelt mit den Rating-Kennzeichen ist das Ausfallrisiko, das mit einer bestimmten Anlage verbunden sein kann (s. Tabelle).

Die Ausfallrisiken lassen sich am Rating erkennen
Bewertung von »Investment-Grade«-Anleihen (gute Qualität)

Rating	*Ausfallwahrscheinlichkeit (in %) in Abhängigkeit von der Laufzeit*							
	1 Jahr	2 Jahre	3 Jahre	4 Jahre	5 Jahre	6 Jahre	7 Jahre	8 Jahre
Aaa	0,00	0,00	0,00	0,07	0,22	0,30	0,40	0,53
Aa1	0,00	0,00	0,00	0,25	0,25	0,42	0,42	0,42
Aa2	0,00	0,00	0,07	0,23	0,50	0,61	0,74	0,89
Aa3	0,07	0,11	0,21	0,32	0,45	0,61	0,61	0,61
A1	0,00	0,03	0,37	0,59	0,75	0,93	1,01	1,10
A2	0,00	0,03	0,16	0,43	0,66	0,88	1,01	1,38
A3	0,00	0,15	0,28	0,38	0,45	0,60	0,88	0,99
Baa1	0,04	0,29	0,59	1,02	1,45	1,66	2,05	2,36
Baa2	0,08	0,28	0,41	0,85	1,29	1,84	2,24	2,40
Baa3	0,31	0,75	1,28	2,21	2,79	3,65	4,53	5,39

Anwendungsbeispiel: Beim Rating Aaa fallen in 8 Jahren 0,53 Prozent aller Anleihen aus. Quelle: Moody's

Bewertung von »Speculative-Grade«-Anleihen (geringe Qualität)

Rating	*Ausfallwahrscheinlichkeit (in %) in Abhängigkeit von der Laufzeit*							
	1 Jahr	2 Jahre	3 Jahre	4 Jahre	5 Jahre	6 Jahre	7 Jahre	8 Jahre
Ba1	0,64	2,14	3,77	6,11	8,45	10,93	12,63	14,30
Ba2	0,59	2,84	5,46	7,75	9,66	11,22	12,76	13,77
Ba3	2,55	6,95	11,76	16,38	20,76	24,66	28,40	32,39
B1	3,56	9,17	15,03	20,36	25,56	30,85	35,90	39,70
B2	6,85	13,83	19,85	24,78	28,52	31,34	32,93	34,34
B3	12,41	20,97	27,79	32,56	37,49	40,55	43,75	48,34
Caa1–C	18,31	25,94	31,38	35,76	38,30	42,79	42,79	47,37

Anwendungsbeispiel: Beim Rating Ba1 fallen in 8 Jahren 14,3 Prozent aller Anleihen aus. D-Ratings weisen auf Zahlungsschwierigkeiten des Emittenten hin, sind deshalb in dieser Übersicht nicht berücksichtigt und für Anleger nicht interessant. Quelle: Moody's

Aktienfonds in der Bewertung

Aktienfonds bieten aus vielen Gründen Vorteile gegenüber dem Zeichnen einzelner Aktien. Der Anleger braucht sich eigentlich nicht um das Geschehen an der Börse kümmern. Allenfalls einmal, beim Kauf der Fondsanteile, muss er eine Entscheidung zur Auswahl des Fonds treffen. Später genügt es, sich in größeren Abständen, z. B. einmal jährlich, ein Bild von der Performance des Fonds zu machen, also den Erfolg der Fondsmanager zu kontrollieren.

Als Vorteil ist auch zu sehen, dass Fondsanteile schon für zum Teil deutlich unter 100 Euro und auch per Dauerauftrag ge-

kauft werden können. Es ist also möglich, z. B. monatlich 50 Euro in einen Fonds-Sparplan einzuzahlen.
Wichtig aber ist auch, dass die Fondsmanager am deutschen Markt einen ständig wachsenden Einfluss bekommen, weil sie zum Teil große Stimmrecht-Potenziale in den Hauptversammlungen einbringen können. Und weil ihr persönlicher Erfolg vom erwirtschafteten Erfolg für den Anleger abhängt, kann sich der Anleger von seinem Fondsmanagement auch gut vertreten fühlen.

Benchmarks zur Beurteilung der Fonds

Wichtigstes Kriterium beim Anleger ist meist der Erfolg eines Fonds. Deshalb ist es ein echtes Ärgernis, dass fast alle deutschen Fonds-Anbieter den Interessenten hierbei nur mangelnde Transparenz bieten.
Egal, ob in der Bankfiliale, in den Fondsprospekten oder im Internet: Viele Zahlen und Diagramme zur Wertentwicklung sind kaum etwas wert, wenn nicht zugleich objektive Vergleichsmaßstäbe (Börsendeutsch: Benchmarks) mitgeliefert werden. Denn der Anleger muss wissen, wie sich der jeweilige Fonds im Verhältnis zum Deutschen Aktienindex, zum Neuen Markt oder zum Dow Jones entwickelt hat, ob seine Performance über oder unter der des gesamten Marktes lag.
Lichtblicke bei der Anlegerinformation bieten internationale Fonds (auch auf ihren Internet-Sites) wie z. B. *Fleming* (www.flemings.lu) oder *Fidelity* (www.fidelity.de): Ein Mausklick genügt, und auf dem Schirm erscheinen objektive Vergleichs-Charts mit den jeweiligen Börsenindizes – auch, wenn die manchmal für das Fondsmanagement wenig rühmlich sind.
Ob ein Fonds Erträge ausschüttet oder wieder anlegt, ist für die Beurteilung übrigens nicht wichtig, da bei der normalen

Performance-Berechnung grundsätzlich angenommen wird, dass eine Ausschüttung in neue Anteile investiert wird. Eine Wiederanlage wird von den meisten Fondsgesellschaften kostenlos angeboten.
Die Entscheidung für einen Aktienfonds darf nicht nur im Vergleich zu anderen mit denselben Anlagezielen liegen. Ein weiteres objektives Kriterium sind die Kennziffern zur Entwicklung des jeweiligen Marktes (Benchmarks), verbunden mit der Dauer des Betrachtungszeitraums (mindestens fünf Jahre). Auf diese Weise ist der Anleger davor geschützt, sich für einen Fonds zu entscheiden, der zwar für sich betrachtet gute Wertzuwächse bietet, aber weit hinter denen des Markts liegt.

Erfolge von Fonds lassen sich an Benchmarks messen

Die aktuelle Entwicklung der hier genannten Indizes, etwa der Morgan Stanley Indizes (MSCI), kann z. B. den Kursteilen von Wirtschaftszeitungen (*Handelsblatt*) entnommen, im Internet oder in Banken abgefragt werden.

Deutsche Blue Chips	Dax 30
Deutsche Standardwerte	M-Dax oder MSCI Deutschland
Europäische Blue Chips	EuroStoxx 50
Europäische Standardwerte	EuroStoxx oder MSCI Europa
Aktien International	MSCI Welt
US Blue Chips	Dow Jones oder S&P 500
US Standardwerte	S&P 500 oder MSCI USA

Die Betrachtung von längeren Zeiträumen schützt außerdem davor, uns von der aktuellen und nicht repräsentativen Performance eines Fonds blenden zu lassen. Denn es kann sehr gut sein, dass ein Fonds gerade sehr gut liegt, im langjährigen Vergleich sich diese Stellung aber als Ausreißer darstellt. Ferner berücksichtigen wir, wie der für gut befundene Fonds im Vergleich zu den Verlustphasen anderer Fonds abschneidet, ob bei ihm eventuell ein deutlich höheres Risiko eingegangen wird. Dies wird kenntlich, wenn neben den Erfolgen auch die Misserfolge dieses Fonds sowohl nach

- der Dauer von Verlustphasen wie auch
- des innerhalb dieser Zeitspanne maximal aufgetretenen prozentualen Verlustes

verglichen werden. Empfehlenswert für solche Auswertungen sind insbesondere die in der von der Stiftung Warentest herausgegebenen Zeitschrift »*Finanztest*« dargestellten Hitlisten für Fonds.
Im Kommen ist das Rating für Fonds. Ebenso wie bei Anleihen werden hierbei Kurzhinweise der Rating-Anbieter als Kennzeichen dafür verwendet, welcher Fonds in seinem Bereich am ehesten das Geld der Anleger verdient. Zu den Anbietern wollten sich neben *Feri Trust* und *Standard & Poor's* bei Redaktionsschluss dieses Buches auch das amerikanische Unternehmen *Morningstar* sowie die beiden deutschen Unternehmen *Fundcontrol* und *Fonds Consult* gesellen. Die Vergabe der Kennziffern erfolgt in erster Linie nach der Wertentwicklung und dem in der Vergangenheit aufgetretenen Risiko bzw. auch nach den Benchmarks und der Einschätzung des Managements. Als Rating-Kennzeichen werden Buchstabenkombinationen (vergleichbar mit denen der bereits erwähnten

der Rating-Agenturen) oder auch Sterne vergeben, wobei das Maximum an Sternen auch den besten Fonds kennzeichnet.

Charts – die technischen Analysen des Kursverlaufs

Die technische Analyse von Charts versucht, künftige Entwicklungen aus dem bisherigen Verlauf von Kursentwicklungen abzuleiten. Und es lässt sich zwar nicht verleugnen, dass bestimmte Kursbilder typisch und gewisse Regelmäßigkeiten erkennbar sind. Allerdings fehlt bei allen Charts immer der »Warum-Faktor«. Schon deshalb sind Chart-Analysen insgesamt weniger erfolgversprechend als die Berücksichtigung fundamentaler Daten zu einem Unternehmen bzw. einer Aktie.
Zu keiner Zeit hat die Zunft der Chart-Analysten rechtzeitig vor einem herben Einbruch am Aktienmarkt gewarnt und die Aufstiegs- oder Rückschlagpotenziale exakt vorausgesagt. Im Gegenteil: Als der Dax im Frühjahr 2000 seine bis dahin historische Schallmauer von 8000 Punkten in einem für die Börsengeschichte einmaligen Aufstieg durchbrach, liefen auch die Chart-Analysten dem Trend hinterher. Statt zu warnen, erklärten sie plötzlich, warum selbst diese Entwicklung doch eintreten konnte – obwohl bei ihnen vorher nie davon die Rede gewesen war.

Die Widerstands- und Unterstützungs-Linien

Für eine der aussagefähigsten Chart-Darstellungen halten wir die Widerstands- und Unterstützungs-Linien, für die nur eine Kurskurve benötigt wird (Index oder Einzelwerte), bei der die jeweiligen Tief- und Hochstände miteinander verbunden werden.

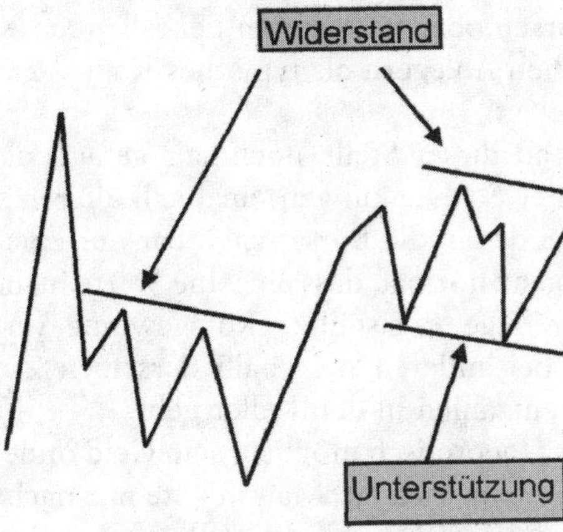

Widerstands- und Unterstützungslinien haben an der Börse eine große psychologische Bedeutung

Die Theorie besagt, dass die Börse immer mehrere Anläufe benötigt, eine solche Linie zu durchbrechen. Grund ist, dass aller Erfahrung nach viele Anleger verkaufen, wenn ehemalige Höchststände wieder erreicht sind bzw. viele Anleger einsteigen, wenn ehemalige Tiefstände erreicht sind. Dadurch entsteht in beiden Fällen eine Situation, die entweder den Kursanstieg bremst (bei großem Angebot wegen Erreichen der Widerstandslinie) oder verstärkt (Nachfrage wegen Erreichen der Unterstützungslinie). Diese technischen Reaktionen stehen zunächst einem weiteren Kursanstieg oder Kursabfall entgegen, können also Trends (in beide Richtungen) zunächst unterbrechen.
Diesen »Widerstands«- bzw. »Unterstützungs«-Linien ist eine nicht zu unterschätzende psychologische Bedeutung beizumessen. Das Durchbrechen der Linien entweder nach oben

bei steigenden Kursen oder nach unten bei fallenden Kursen wird von zahlreichen Anlegern als typisches Kauf- bzw. Verkaufssymbol ausgelegt.
Grundsätzlich sei an dieser Stelle nochmals gesagt, dass bei Aktienkursen immer Schwankungen einzukalkulieren sind – auch in Phasen, bei denen die Börse scheinbar nur eine Richtung kennt. Es ist ganz normal, dass einzelne Werte manchmal innerhalb weniger Tage zweistellige Kursgewinne verzeichnen, während es bei anderen innerhalb derselben Zeit mit zweistelligen Prozentzahlen in den Keller geht.
Und trotzdem ist es theoretisch möglich, sein Geld ohne jeden Verlust an der Börse einzusetzen. Man müsste nur nach Kursverlusten so lange warten, bis sich die Verluste durch spätere Gewinne wieder ausgeglichen haben. Dies ist in der Vergangenheit immer passiert. Aber meistens haben Anleger nicht die Geduld, darauf zu warten. Denn nicht der Kursrückgang selbst ist das Drama – dramatisch wird es erst, wenn der Anleger aus Nervosität verkauft oder wegen Geldbedarfs die stark im Wert gefallenen Papiere verkaufen muss.

Jahresendstände des Deutschen Aktienindex

Jahr	*Dax*	*Jahr*	*Dax*	*Jahr*	*Dax*
1980	418	1987	1 000	1994	2 107
1981	431	1988	1 328	1995	2 254
1982	506	1989	1 790	1996	2 889
1983	725	1990	1 398	1997	4 250
1984	825	1991	1 578	1998	5 002
1985	1 530	1992	1 545	1999	6 958
1986	1 602	1993	2 267	2000	6 433

Drama Kursverlust – nur bei Realisierung

Grundsätzlich sollte Ruhe und Bereitschaft zum Abwarten erste Anleger-Tugend sein. Angenommen, es wurden Aktien gekauft und diese vollziehen exakt die Bewegungen des Dax nach. Dann aber setzt ein Börsencrash ein – ein Verkauf der vorhandenen Aktien könnte völlig verkehrt sein. Der Blick auf die Dax-Jahresendstände der letzten 20 Jahre zeigt, bis zum Ende eines welchen Jahres man schlimmstenfalls hätte warten müssen, um erlittene Verluste durch Gewinne wieder wettzumachen, sie eventuell sogar aufzuholen. Daraus kann man die Regel ableiten, dass ein langer Anlagehorizont die beste Gewähr dafür bietet, keine Kursverluste zu erleiden.

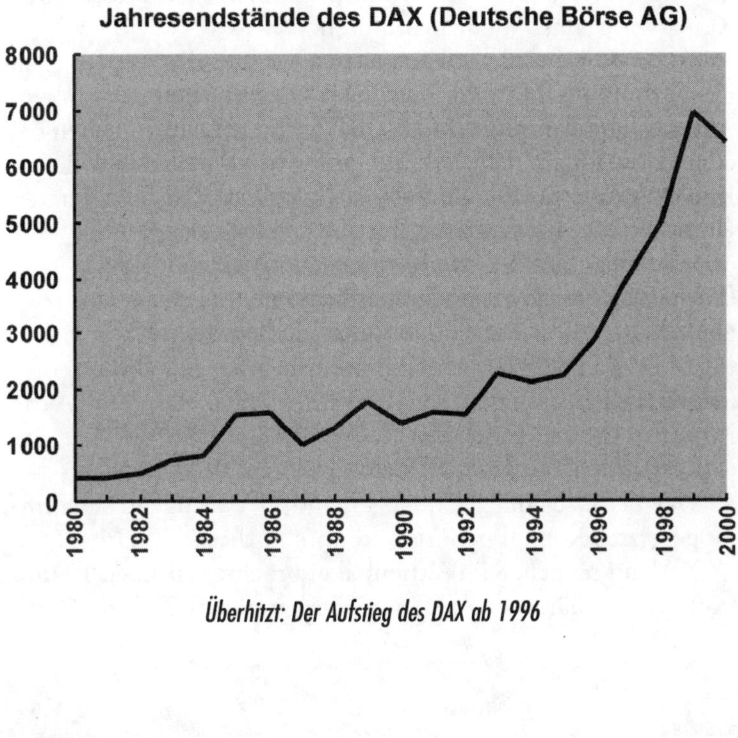

Überhitzt: Der Aufstieg des DAX ab 1996

Selbst ein deutlicher Kurseinbruch stellt für den Anleger zunächst keinen Verlust dar. Dieser tritt erst ein, wenn er realisiert wird und die Aktien zu Preisen unterhalb des Kaufkurses verkauft werden. Schon deshalb lautet eine unserer Grundregeln, dass wir nur solches Geld in Aktien investieren dürfen, auf das man langfristig nicht angewiesen ist, und kein Kapital einzusetzen, das man zu einem bestimmten Zeitpunkt braucht.

Kurseinbrüche – auch eine Chance

Das Positive an einem Kurseinbruch ist: Es lassen sich relativ günstig Werte kaufen und vom hoffentlich bald erfolgenden Kursanstieg umso mehr profitieren.
Auch der Anleger, der schon gekauft hat und die Werte wegen des Kurseinbruchs nicht abstoßen will, kann von den sinkenden Kursen profitieren, denn eine der Standard-Strategien bei der Aktienanlage heißt »verbilligen«: Nach einem deutlichen Kurseinbruch werden Papiere der bisher schon bevorzugten Unternehmen hinzugekauft.

Drei Handlungsmöglichkeiten bei Kursrückgang

Sie haben 20 000 Euro in 50 Aktien zu einem Kurs von je 400 Euro investiert. Unmittelbar darauf trifft ein Börsencrash auch dieses Unternehmen – der Kurs halbiert sich. Jede Aktie ist nur noch 200 Euro wert.

1. Der nervöse Anleger oder jemand, der dringend sein eingesetztes Kapital benötigt, könnte in dieser Situation zum Verkauf neigen. Sein Aktienpaket brächte nur noch 10 000 Euro. Er hätte also einen Verlust von 10 000 Euro realisiert.

2. Der Stillhalter oder Aussitzer hofft auf ein insgesamt wieder besseres Börsenklima und wartet ab, behält also die im Kurs gefallenen Papiere. Er muss so lange warten, bis die Kurse sich wieder bis auf 400 Euro erholt haben. Das kann dauern und in dieser Zeit werden nur die Verluste wieder aufgeholt, das eingesetzte Kapital bringt also keine Erträge.
3. Der Aktivist setzt wie der Stillhalter ebenfalls auf ein besseres Börsenklima – verbilligt aber. Deshalb kauft er für weitere 5000 Euro nochmals 25 Aktien (Stückpreis 200 Euro) desselben Unternehmens, besitzt nun insgesamt 75 Aktien, für die er 25 000 Euro eingesetzt hat. Pro Aktie hat er 333,33 Euro aufgewendet. Er muss deshalb nicht mehr warten, bis der Kurswert wieder bei 400 Euro liegt, um ohne Verluste aussteigen zu können. Im Gegenteil: Steigt der Kurs tatsächlich wieder auf 400 Euro, erhält er beim Verkauf seiner 75 Aktien sogar 30 000 Euro, macht also einen Gewinn von 5000 Euro.

Langfristig betrachtet hat sich – bei Vergleich der drei eben beschriebenen Szenarien – die Strategie des Aktivisten immer ausgezahlt. Vorausgesetzt, es handelte sich um eine allgemeine Crash-Situation oder Schwächephase an der Börse. Bricht dagegen der Kurs eines einzelnen Wertes ein, ist Vorsicht angesagt. Vor allem die beiden folgenden Punkte müssen geklärt werden:

- Liegt eine Unternehmenskrise vor, die durch falsches Management ausgelöst wurde und langfristig die Ertragskraft gefährdet?
- Oder handelt es sich nur um eine Schreckreaktion von Anlegern auf eine negative Nachricht, die aber zumindest

mittelfristig nichts an den guten Erwartungen bezüglich der Ertragskraft ändert?

Im zweiten Fall könnte sich die aktive Strategie des Nachkaufens weiterer Papiere und des Verbilligens auszahlen. Im ersten Fall aber, also bei einer ausgemachten Unternehmens-Schieflage, gehört viel Mut zum Risiko dazu, weitere Papiere zu kaufen. Denn eine alte Kaufmannsregel sagt, dass man dem schlechten Geld nicht noch gutes hinterherwerfen soll.

Starke Kursverluste locken Zocker an

Spekulanten setzen gern auf dramatische Kursrückgänge bei einzelnen Unternehmen – schlagen aus solchen Situationen oft viel Kapital. Das war auch in der Vergangenheit und bei Werten der »Old Economy« schon zu beobachten. Etwa, als sich nach dem Konkurs des *Bremer Vulkan* (einer Großwerft) im Jahr 1997 der Aktienkurs innerhalb weniger Tage verdreifachte – weil Gerüchte über Rettungsversuche für das Unternehmen aufkamen. Ähnliches passierte, als ab dem Winter 2001 Internet-Unternehmen wie *Letsbuyit.com*, *Met@box* und andere ihre Zahlungsunfähigkeit meldeten. Auch da setzten Spekulanten auf das schnelle Geld.
Solche Entwicklungen haben nichts mit den normalen Kursentwicklungen an den Börsen zu tun. Zwar ist es normal, dass ein Unternehmen in Schieflage gerät oder sogar in Konkurs geht. Aber unter kaufmännischen Gesichtspunkten ist es keineswegs üblich, auf solche Unternehmen noch Geld zu setzen. Deshalb ist es wichtig, solche Sonderfälle mit anderen Augen zu sehen als die normalen Gesetzmäßigkeiten der Börsen.

Was die Kurse bewegt

Über den Aktienkurs eines einzelnen Unternehmens entscheidet in erster Linie die aktuelle Ertragslage der Gesellschaft. Die wird zum einen bestimmt durch die jeweilige Auftragslage. Wer heute schon im Gespür hat, dass ein bestimmtes Unternehmen morgen einen Großauftrag an Land ziehen kann, z. B. weil es mit einem neuen Produkt konkurrenzlos ist, darf sicher mit steigenden Aktienkursen rechnen.
Wesentlichen Einfluss auf die Ertragslage nicht nur eines, sondern vieler Unternehmen haben jedoch übergeordnete Faktoren. Dazu gehören

- Auseinandersetzungen zwischen Tarifpartnern und die Ergebnisse der Lohnrunden, weil sie sich auf die Kosten der Unternehmen auswirken.
- internationale Konflikte (wie z. B. der Golfkrieg und die Kriege auf dem Balkan), denn solche Auseinandersetzungen können z. B. zu Rohstoffengpässen führen, die wiederum veränderte Ertragssituationen für eine Vielzahl von Branchen schaffen.
- politische Entscheidungen, die z. B. neue Steuerbelastungen für Unternehmen oder Entlastungen vorsehen.
- das Konsumklima der Bevölkerung, von dem eine Vielzahl Unternehmen (z. B. Kaufhäuser, Fahrzeug-, Möbelhersteller) abhängig sind.
- Veränderungen bei den Geldmarkt-Konditionen, also sinkende Zinsen zur Konsumbelebung oder steigende Zinsen zur Inflationseindämmung.

Betrachten wir in diesem Zusammenhang kurz das Funktionsprinzip der Börsen. Dort gibt es praktisch nie ein ausgeglichenes Verhältnis zwischen dem Angebot an Aktien und der Nachfrage.

Der Kurs einer Aktie steigt deshalb so lange an, bis bei den bisherigen Aktienbesitzern eine Abgabebereitschaft einsetzt. Diese Kurssteigerung kann eventuell weitere Nachfrage auslösen – ein Trend ist geboren.
Ebenso entstehen Börsenkurse in entgegengesetzter Richtung: Anleger wollen – weil sie wegen der genannten Faktoren Gefahren für die Kurse sehen – verkaufen, der Kurs sinkt so lange, bis sich ein Käufer findet. Für den aufmerksamen Anleger sind deshalb Börsenkürzel zur Angebots- und Nachfragesituation wie »Geld« bzw. »bezahlt Geld« oder »Brief« bzw. »bezahlt Brief« wichtige Hinweise zur jeweiligen Nachfragesituation.

Kurszusätze im Börsenteil geben Anlegern Hinweise

G	Geld: Zum angegebenen Kurs lagen nur Nachfragen, dagegen keine Angebote vor.
B	Brief: Den Angeboten standen zu diesem Kurs keine Nachfragen gegenüber.
bG, bzG, bezG	bezahlt Geld: Die Nachfrage konnte zum angegebenen Kurs nicht vollständig befriedigt werden.
bB, bzB, bezB	bezahlt Brief: Zum angegebenen Kurs bestand ein Überhang an Angeboten, sodass die Kaufaufträge vollständig erfüllt werden konnten, die Verkaufsaufträge aber überwogen.
Div, Div-Sch	Dividende (wenn bereits gezahlt) oder Dividenden-Schätzung
ebB, etw. bzB, etw. bB, etwas bB, etw. bezB	etwas bezahlt Brief: Das Angebot überstieg erheblich die Nachfrage, sodass nur wenige Verkaufsaufträge erfüllt werden konnten.
ebG, etw. bzG, etw. bG, etwas bG, etw. bezG	etwas bezahlt Geld: Kaufaufträge konnten nur zu einem geringen Teil abgewickelt werden.

ex D, ex Div.	ohne Dividende: unmittelbar nach Zahlung der Dividende angegebener Kurs. Dieser ist normalerweise niedriger.
ex B, ex BR	ohne Bezugsrecht: Erste Notierung der alten Aktien ohne Berücksichtigung des Bezugsrechts der neuen Wertpapiere. Der Kurs fällt also niedriger aus.
ex BA	ohne Berichtigungsaktien: nach der Aktienkapitalberichtigung einer Gesellschaft die erste Notierung
ex SP	nach Splitting: die erste Notierung nach Einstellung des Kurses auf den neuen geteilten Aktienbestand. Kann unter Umständen für Anleger in US-amerikanischen Aktien wichtig werden.
H/T	Höchst-/Tiefststand: wird mit Hinweis auf Zeitraum angegeben, für den die Höchst- bzw. Tiefststände angegeben sind, üblich ist der Zeitraum von 52 Wochen oder seit Jahresbeginn oder für den jeweiligen Börsentag. Achtung: Oft wird bei Tagesangaben nicht der gesamte Kurs abgedruckt, sondern aus Platzgründen nur die jeweils letzten Stellen.
k. A.	keine Angabe: findet sich vor allem bei den Schätzungen für die jeweiligen Dividenden oder Ergebnisse, wenn das Unternehmen hierzu keine Daten zur Verfügung stellt.
KGV	Kurs-Gewinn-Verhältnis: siehe Erläuterungen
(5), (100)	Nennwert der Aktie: Lauten die Aktien auf einen festen Nennwert, kann dieser in Klammern angegeben sein.
(E), (S)	Eröffnung, Schluss: lässt erkennen, wie sich der Kurs im Verlauf des Börsentages veränderte, z. B. ob er zum Ende anzog oder abbröckelte – wichtig, wenn am jeweiligen Tag während der Börsenzeit kursrelevante Mitteilungen gemacht wurden.
*, **	siehe jeweilige Legende zum Kursteil, oft wird mit Sternchen auf den Nennwert hingewiesen.
–	gestrichen: Wegen des Fehlens von Angebot und Nachfrage war es nicht möglich, einen Kurs festzustellen.
–G	gestrichen Geld: Es gab zwar Kaufaufträge zum niedrigst möglichen Preis (Billigst-Kauforders), aber kein Angebot. Ein Kurs konnte nicht festgestellt werden.

–B	gestrichen Brief: Es bestand Angebot zum höchstmöglichen Preis (Bestens-Verkaufsorders), jedoch keine Nachfrage. Ein Kurs konnte nicht festgestellt werden.
–GT	gestrichen Geld/Taxe: Da der Preis nachfrageseitig nur geschätzt werden konnte, war keine Feststellung des Kurses möglich.
–BT	gestrichen Brief/Taxe: Da der Preis angebotsseitig geschätzt worden ist, konnte kein Kurs ermittelt werden.
r, rep., rat.	repartiert bzw. rationiert: Kauf- oder Verkaufsaufträge werden nicht vollständig bedient, sondern nur anteilig unter Zugrundelegung eines Ausgleichskurses.
s, S	Schätzung, manchmal auch Schlusskurs
StA	Stammaktien: siehe Börsen-Abc
T	Taxkurs: Der Kurs konnte nicht bestimmt, sondern nur geschätzt werden, weil die Aktie nicht gehandelt wurde.
VA, Vorz, Vz	Vorzugsaktie: siehe Börsen-Abc
WPKN	Wertpapier-Kennnummer: erleichtert das schnellere Auffinden der jeweiligen Kurse bei computergestützten Anzeigen.

Wirtschaftsdaten bestimmen das Umfeld der Aktienkurse

Als Frühindikator für inflationäre Tendenzen, auf die Notenbanken mit Zinsanhebungen reagieren und somit eine Bremswirkung auf Aktienkurse auslösen, gilt die Preissteigerungsrate. Sie drückt sich in den Verbraucherpreisindizes aus. Die Indizes für die USA (dort der Consumer Price Index – CIP) und für die Länder der Europäischen Währungsunion werden

- immer zwischen dem 15. und 18. Tag eines jeden Monats für den Vormonat veröffentlicht und

- jede gegenüber Vormonat und Vorjahr zu verzeichnende Steigerung bewirkt am selben Tag eine Dämpfung des Aktienkurs-Niveaus.

Nachlassende Preise oder eine entgegen den vorherigen Erwartungen geringere Preissteigerung sorgen dagegen an Verkündungstagen für eine positive Kurstendenz.

Öl- und Rohstoffpreise wirken auf die Börsen

Die Unternehmensgewinne der klassischen Substanzwerte (Old Economy) sind stark abhängig von den Rohstoffpreisen. Deren Entwicklung lässt sich aus den täglich in vielen Wirtschaftszeitungen veröffentlichten Rohstoffindizes erkennen, maßgebend sind vor allem

- der CRB-Index (für Rohstoffe aus Agrarproduktion, z. B. Baumwolle, Soja, Weizen, Zucker),
- der Base Metal-Index für metallische Rohstoffe (ohne Eisen und Gold).

Weisen die Indizes im Vergleich zu ihrem Stand vor sechs Monaten stabile oder leicht sinkende Preise aus, deutet dies auf ein positives Umfeld für Aktienkurse hin. Nicht nur stark steigende, sondern ebenso stark fallende Rohstoffpreise können dagegen die Aktienkurse negativ beeinflussen. Der Grund dafür ist, dass bei stark fallenden Preisen die Erzeugerländer niedrigere Erlöse erzielen, Geld für Investitionen fehlt oder Schwellenländer sogar in Zahlungsschwierigkeiten kommen und dadurch negative Impulse auf die Weltwirtschaft ausgehen.
Bewegungen der Ölpreise sind vor allem dann wichtig, wenn auf Branchen oder Einzelwerte gesetzt wird, bei denen große Abhängigkeiten zum Öl (Transportwerte, Chemie) bestehen.

Kursreaktionen durch Arbeitsmarkt-Daten

Was haben die Zahlen am Arbeitsmarkt mit den Aktienkursen zu tun, mag sich mancher fragen. Doch Ökonomen zeigen simple Verbindungen auf:

- Steigende Arbeitslosigkeit ist Hinweis auf eine Abschwächung der Konjunktur. Zinssenkungen wären die Folge, das aber lässt die Aktienkurse steigen.
- Sinkende Arbeitslosigkeit hat steigende Löhne zur Folge, weist auf eine stabile oder sich überhitzende Konjunktur hin und lässt steigende Zinsen als Bremse für die Aktienkurse erwarten.

Aus diesem Grund reagieren die Börsen stets sehr empfindlich auf neue Daten vom Arbeitsmarkt. Und die kommen regelmäßig:

- Jeweils um den zehnten eines Monats herum veröffentlicht die Bundesanstalt für Arbeit in Nürnberg die Vormonatszahlen für den deutschen Arbeitsmarkt.
- Jeweils um den 25. bis 28. Tag im ersten Monat eines Quartals wird der US-Arbeitskosten-Index (ECI) mit der Entwicklung für das zurückliegende Quartal veröffentlicht.

Entscheidend ist bei den US-Zahlen immer, ob die Abschlüsse dem Zuwachs des Bruttosozialprodukts und der Preissteigerungsrate entsprechen oder darüber hinausgehen. Unerwartet hohe Lohnsteigerungen oder ein starker Beschäftigungszuwachs haben sofort einen Kursruck nach unten zur Folge.

Weitere Faktoren des Wirtschaftsklimas

Eine hohe Wachstumsrate beim Bruttoinlandsprodukt (BIP) gilt als Zeichen guter Konjunktur – und hat entsprechende

Bremswirkung auf die Kursentwicklungen der Aktien (wegen Inflationsgefahr mit steigenden Zinsen). Bleibt trotz dieses Wachstums die Preisentwicklung stabil, wirkt dies eher kurstreibend. Dann wird von einer ausgeglichenen Wirtschaftslage ausgegangen. Einmal im Quartal werden die Zahlen für Deutschland und die USA verkündet, und zwar

- jeweils zwischen dem 7. und 13. Tag des ersten Quartalsmonats wird das deutsche BIP für das vorherige Quartal angesagt,
- meist in der letzten Woche (zwischen dem 22. und 30. Tag) des ersten Quartalsmonats werden die US-Daten des Gross Domestic Products (GDP) veröffentlicht.

Dabei ist der amerikanische GDP-Deflator fast noch wichtiger und aussagefähiger als das deutsche BIP. Denn dort werden auch Export-, Import- und Baupreise berücksichtigt.
Ebenfalls für erhebliche Kursausschläge können die in den USA ermittelten Zahlen über Baubeginne und -genehmigungen für Einfamilienhäuser führen, denn sinkende Zahlen werden als Indiz für steigende Hypothekenzinsen und damit Bremse für die Aktienkurse angesehen. Achten Sie also auf Kursausschläge, die

- jeweils zwischen dem 15. und 21. Tag eines jeden Monats

bei Bekanntgabe der »US-Housing Starts« und »Housing Permits« drohen.
Eine Reihe weiterer Kennzahlen werden an den Aktienmärkten ebenfalls mit großem Interesse registriert. Der Anleger muss auf folgende Termine und Entwicklungen vorbereitet sein:

- Jeweils in der ersten Woche eines Monats werden die Auftragseingänge des verarbeitenden Gewerbes für Deutschland bekannt gegeben. Steigende oder stabile Zahlen deuten auf optimistische Wirtschaftseinschätzungen der Unternehmen hin und stützen Kurse oder lassen sie steigen.
- Jeweils in der zweiten Woche eines Monats, zwischen dem 10. und 15. Tag, werden die US-Einzelhandelsumsätze veröffentlicht. Moderat steigende Zahlen sind positiv für die Börse, weil sie für einen von der Inlandsnachfrage getragenen Aufschwung stehen.
- Zur Mitte eines jeden Monats werden die Industrieproduktions-Kennzahlen für die USA und Deutschland ermittelt. Stark steigende Zahlen deuten auf Überhitzung und sinkende Kurse wegen steigender Zinsen hin.
- Zwischen dem 18. und 22. Tag eines jeden Monats wird in Deutschland der Geschäftsklima-Index veröffentlicht. Je nachdem, welche Stimmung die 8000 befragten Unternehmen melden, wirken sich positive oder negative Einschätzungen auch auf die Aktienkurse aus.

Technische Reaktionen – mit plötzlichen Ausschlägen rechnen

Als technische Reaktionen werden alle Kursveränderungen bezeichnet, die mit einem gewissen Automatismus einsetzen. Typisch ist zum Beispiel, dass nach sehr starkem und schnellem Kursanstieg ein kurzer, dafür aber manchmal auch heftiger Einbruch zu verzeichnen ist.

Dieser Effekt tritt ein, wenn Anleger sich die Kurssteigerungen der letzten Zeit auszahlen lassen. Ein dann folgender schneller Wiederanstieg zeigt aber, dass die Verkäufer grundsätzlich noch Vertrauen in weitere Kursgewinne haben und zu den zwischenzeitlich gefallenen Kursen neu einsteigen. Als deutliches Kaufsignal kann oft angesehen werden, wenn der

Kurs nach steilem Anstieg und kurzem Knick nach unten erneut zu klettern beginnt.

Rechnen müssen Sie außerdem mit technischen Reaktionen auf jede Dividendenausschüttung. Deshalb sollten Sie sich auch dann die Termine der Hauptversammlungen notieren, obwohl Sie gar nicht hingehen wollen. Die Dividende wird immer am Tag nach der Hauptversammlung gezahlt, dann setzen auch die technischen Reaktionen auf die Zahlung ein. Denn zugleich wird am Zahltag die Dividende vom Kurswert der Aktie abgezogen. Darauf weist der Zusatz »ex Div« bei den bereits erläuterten Kursnotizen in Wirtschaftsteilen von Zeitungen oder im Internet hin. Nun wird ein großer Teil des Kursabschlags normalerweise sofort dadurch ausgeglichen, dass viele Aktionäre die Dividende erneut in Aktien desselben Unternehmens anlegen.

Andererseits lauern aber viele Anleger auch auf den von ihnen erhofften negativen Kurssprung am Tag der Dividendenzahlung. Es kommt deshalb bei besonders gefragten Papieren häufig vor, dass durch die Nachfrage der in Lauerstellung liegenden Neuanleger und die Wiederanlage der Dividenden am Zahltag ein heftiger Kursanstieg zu beobachten ist.

Rechnen müssen Sie aber auch damit, dass bei kleinen Aktiengesellschaften mit hoher Dividendenrendite die Anleger nur auf den Zahltag warten und sich dann sofort von ihren Papieren trennen. In diesem Fall kann es zu sehr hohen Kursabschlägen kommen, die noch deutlich über den Abschlag der Dividende hinausgehen.

In diesen Fällen sollte man sich durch die technische Reaktion nicht zu Panikverkäufen verleiten lassen, sondern eventuell die Chance für einen Nachkauf und zu einer Verbilligung des Engagements nutzen. Voraussetzung für das richtige Verhalten auf technische Reaktionen ist, dass Sie sich parallel zur Be-

obachtung der Kurse ständig über den Geschäftsverlauf beim jeweiligen Unternehmen informieren.
Wie schon beschrieben, wäre es fatal, Aktien nachzukaufen, wenn die Gesamtaussichten für die wirtschaftliche Situation des jeweiligen Unternehmens düster aussehen.

Die Rolle der Wechselkurse

Weil die deutsche und europäische Wirtschaft insgesamt stark exportorientiert ist, haben die Wechselkurse starken Einfluss auf das Börsenklima. Als Welt-Leitwährung spielt dabei der Dollar die entscheidende Rolle. Grundregel ist, dass ein hoher Dollarkurs gegenüber dem Euro die deutschen und europäischen Produkte im Ausland verbilligt.
Besonders starken Einfluss haben Veränderungen der Wechselkurse vor allem auf die sehr stark exportabhängigen Branchen. Ein starker Euro verteuert ihre Produkte am Weltmarkt, ein schwacher sorgt für zusätzliche Nachfrage. Das zeigt sich insbesondere bei

- Automobil-,
- Maschinenbau- und
- Chemiewerten.

Ein mittleres Risiko durch Dollarkurs-Veränderungen besteht für

- Bauzulieferer,
- Konsumwerte,
- Elektrobranchen und
- Brauereien.

Ein sehr geringes Risiko bergen Kursveränderungen für

- Versicherungs-,
- Banken- und
- Versorgungswerte.

Wobei ein zu schwacher Euro für die gesamte Wirtschaft schädlich ist – weil zahlreiche Rohstoffe auf Basis des dann teuren Dollars abgerechnet werden. Grundsätzlich sollte in die Aktien eines Landes eher dann investiert werden, wenn dessen Wechselkurs sinkt. Ein steigender Wechselkurs birgt Gefahren für Aktionäre.

Die Zinssituation am Geldmarkt im Auge behalten

Zinserhöhungen beeinträchtigen die Aktienmärkte. Wenn die Rendite für festverzinste Wertpapiere steigt, erwächst daraus eine Konkurrenz für Aktien:

1. Auf Sicherheit bedachte Anleger schichten ihre Portfolios um und gehen in die mit vergleichsweise geringerem Risiko behafteten Festzinspapiere.
2. Dazu trennen sie sich unter Gewinnmitnahmen von ihren Aktien.
3. An den Börsen setzt Verkaufsdruck bei fehlender Nachfrage ein und sorgt damit für fallende Kurse.

Für den Anleger ist es also nicht nur wichtig, den Trend zu steigenden Zinsen zu erkennen, um selbst Gewinnmitnahmen zu realisieren, sondern auch, um den richtigen Zeitpunkt für Umschichtungen seines Depots zu erkennen.

Ob am Geldmarkt ein Klima für steigende oder fallende Zinsen besteht, lässt sich am leichtesten durch Beobachtung des Rentenindex (Rex) feststellen (WKN 846 910). Niedrige Zinsen stehen für einen hohen Rex, steigen die Zinsen für zehnjährige Wertpapiere, fällt der Rex.

Wie die Aktienkurse auf Veränderungen der Leitzinsen reagieren

Leitzinsen	*Rendite festverzinsl. Wertpapiere*	*Rentenindex*	*Auswirkung auf Aktien*	*Konjunktur*
niedrig	niedrig	hoch	positiv	schwach
hoch	hoch	niedrig	negativ	stark

Auf grafischen Darstellungen in Wirtschaftsteilen der Zeitungen und den Charts im Internet ist nicht nur der Rentenindex, sondern auch sein gleitender Durchschnitt für 38 bzw. 200 Tage als weitere Linie eingezeichnet. Mit dem Überschreiten seines eigenen 38-Tage-Durchschnitts weist der Rex trotz langfristiger Aufwärtstendenz bei den Wertpapier-Renditen auf eine kurze Phase wieder fallender Zinsen hin. Wer dieses Zeichen für einen kurzfristigen Einstieg am Aktienmarkt nutzte, konnte zuletzt z. B. im Jahr 2000 innerhalb weniger Wochen vom Dax-Anstieg um über 500 Punkte profitieren. Endgültiges Zeichen zum Ausstieg ist der Zeitpunkt, zu dem der Rex seinen 38-Tage-Durchschnitt von oben nach unten durchstößt. Zusammen mit dem langfristigen Trend (200-Tage-Linie) ist dies ein deutliches Warnsignal.
Eine bis 1970 zurückgehende Beobachtung des Rex und seines eigenen 9-Monats-Durchschnitts (200-Tage-Linie) zeigt, dass jedes Durchstoßen dieser Durchschnittslinie von unten nach oben als Kaufsignal und jedes Durchstoßen der Linie von oben nach unten als Verkaufssignal gewertet werden kann. Werden auf dieses Zinssteigerungssignal (Rex-Fall) Aktien in festverzinste Wertpapiere getauscht und auf das Zinsfallsignal (Rex-Anstieg) die festverzinsten Wertpapiere wieder in Aktien getauscht, ließ sich gegenüber der Strategie »kaufen und halten« eine Renditesteigerung von mindestens 1,5 bis 3 Prozentpunkten herbeiführen.

Unterschiedliche Strategien bei Zinssignalen und ihr Erfolg

Ausgewertet wurde von der ehemaligen Bayerischen Vereinsbank (heute HypoVereinsbank) ein Zeitraum von 27 Jahren, innerhalb dessen sich insgesamt 19 Kaufsignale ergaben. Als Kaufsignal wurde jedes Mal gewertet, wenn der Rentenindex Rex für zehnjährige öffentliche Anleihen seinen gleitenden 9-Monats-Durchschnitt nach oben (sinkende Zinsen, steigender Rex) oder unten (steigende Zinsen, sinkender Rex) durchbrach.

	Strategie 1 Kauf bei fallenden Zinsen	Strategie 2 Kauf bei steigenden Zinsen	Strategie 3 Wie Strategie 1, aber Geldmarktanlage bei steigendem Zins	Strategie 4 Kaufen und halten	Strategie 5 Keine Anlage in Aktien, sondern am Geldmarkt
Kaufen, wenn	Rex steigt	Rex fällt	Rex steigt	Anlagebeginn	Anlagebeginn
Verkaufen, wenn	Rex fällt	Rex steigt	Rex fällt	Anlageende	Anlageende
Startkapital	10 000 Euro	10 000 Euro	10 000 Euro	10 000 Euro	10 000 Euro
Kapital Endstand	95 484 Euro	3 527 Euro	214 336 Euro	65 081 Euro	41 080 Euro
Wertzuwachs	854,8 %	– 64,7 %	2 043,4 %	550,8 %	310,8 %
Rendite pro Jahr	8,9 %	– 3,9 %	12,3 %	7,3 %	5,3 %

Obwohl die vorgestellten Zinsstrategien sehr zuverlässige Anhaltspunkte dafür bieten, wann ein Ein- und wann ein Ausstieg empfehlenswert ist, ist das perfekte Timing für den Anleger kaum zu schaffen. Manchmal genügen schon wenige Tage des Zögerns beim Kauf ebenso wie beim Verkauf, um die besten Tage an der Börse zu verpassen.

Einige Analysen der Fondsgesellschaft *Fidelity International* machen deutlich, wie sich Timing-Pannen auswirken können. Zu berücksichtigen ist, dass die amerikanischen Aktienkurse von Beginn des Jahrhunderts bis 1996 in etwa 70 Prozent der Zeit gestiegen sind. Das Ergebnis für den Anleger war eine durchschnittliche Jahresrendite von 10 Prozent, wobei in

Hausse-Perioden durchschnittlich 66 Prozent Anstieg und in Baisse-Perioden 20 Prozent Rückgang zu verzeichnen waren. Die Frage, ob man nicht die Baisse-Perioden einfach überspringen kann, also durch geschicktes Timing darum herumzukommen ist, interessiert jeden Anleger. *Fidelity* hat deshalb analysiert, was einem Anleger passiert wäre, der die besten 30 Monate innerhalb des 70-Jahre-Zeitraums verpasst hätte: In diesem Fall wären aus einem Dollar Einsatz ganze 11,50 Dollar geworden. Wer dagegen sein Geld die ganzen 70 Jahre angelegt hätte, für den wären aus einem Dollar 810 Dollar geworden. Im Prinzip hätte es ausgereicht, sich nur 30 Monate zu engagieren. Das Risiko aber, die besten Tage oder Monate zu verpassen, ist groß. Sicherer ist es, einfach langfristig am Ball zu bleiben, möglichst wenig zu timen und umzuschichten.

Wie sehr es dabei auf den einzelnen Tag ankommt, verdeutlicht eine Betrachtung der Jahre 1983 bis 1992 an der amerikanischen Börse. Wer sein Aktienpaket durchgehend behalten hat, konnte sich über eine Jahresrendite von 16,25 Prozent freuen. Wer allerdings von den insgesamt 2526 Tagen nur die besten zehn verpasste, z. B. durch Timing-Versuche, für den wäre die Rendite auf 11,6 Prozent gesunken. Hätte er sogar die besten 40 Tage versäumt, wäre nur noch eine Rendite von 3,6 Prozent herausgekommen.

Die Wahrscheinlichkeit, den richtigen Tag zu erwischen, ist verschwindend gering. Konsequenz für den Anleger kann deshalb nur sein, insgesamt auf mittel- oder langfristige Trends zu setzen. Die Grundlagen dafür haben wir Ihnen vor allem mit den Zinsstrategien geliefert.

Börsenzeiten im Jahreslauf

Ungeachtet der Tatsache, dass letztlich die aktuellen Rahmenbedingungen des Marktes oder eines Unternehmens Kurse bewegen, gibt es Regelmäßigkeiten im Jahresverlauf, die es sich zu beachten lohnt. Eine Auswertung dieser Regelmäßigkeiten stellen die Livingston-Zyklen dar.
Sie basieren auf den Dax-Monatsendständen über einen Zeitraum von 40 Jahren bis zum 1. Januar 2000. Die daraus gewonnenen Erkenntnisse berücksichtigen insbesondere das Verhalten der deutschen Börsenteilnehmer. Hier lassen sich Regelmäßigkeiten erkennen, die Rückschlüsse auf die »Psychologie der Jahreszeiten« zulassen. So geben sie unter anderem Antworten auf die Fragen,

- in welchen Monaten am deutschen Markt bevorzugt in Aktien investiert wird und dadurch Kurssteigerungen ausgelöst werden,
- in welchem Monat bevorzugt Gewinnmitnahmen erfolgen und dadurch Kursverluste ausgelöst werden,
- über welche Zeiträume sich Kursanstiege zeigen und wie lange es dauert, bis erste Verkäufe wieder für Einbrüche sorgen,
- wie lange sich die Börsenteilnehmer nach einem Einbruch zurückhalten, ehe sie wieder durch neue Käufe für steigende Kurse sorgen,
- ab welchem prozentualen Kursanstieg die ersten Gewinnmitnahmen einsetzen und so Kursverluste auslösen sowie
- ab welchem prozentualen Verlust wieder Mut gefasst und durch Neuengagements für steigende Kurse gesorgt wird.

Die von *Livingston-Research* aufgestellten Zyklen und Betrachtungen gehen davon aus, dass alle Zeitreihen-Untersuchungen zwar »Ausreißer« zulassen. Trotzdem sind aber verlässliche Antworten auf die Fragen zu geben, ob die US-Regel »Sell in May and go away« (im Mai verkaufen) auch für den deutschen Markt gilt oder ob die so genannte »Jahresend-Rallye« sichere Gewinne bringt, man seine Aktien also über den Jahreswechsel behalten sollte.

Jahreszeiten und Lebenssituationen wirken auf Aktienkurse

Grundsätzlich kann davon ausgegangen werden, dass den Aktienkäufen einer breiten Schicht von Anlegern psychologische Ursachen zu Grunde liegen und sich bestimmte Verhaltensweisen stets wiederholen. Dabei dürften z. B. folgende Gedanken eine Rolle spielen:

- Ich steige ein, weil nach Weihnachten und bis zum Urlaub keine größeren Ausgaben in Sicht sind.
- Ich steige aus, weil ich vor den Sommerferien Gewinne mitnehmen will.
- Ich steige aus, weil ich nicht über den Jahreswechsel engagiert sein möchte.
- Ich steige ein, weil ich einen Teil meines Weihnachtsgeldes dafür zur Verfügung habe.
- Ich steige ein, weil ein schon lange anhaltender Trend sich bestimmt noch fortsetzt.
- Ich steige aus, weil nach so langer Zeit/so hohem Anstieg die Gewinnmitnahme lockt.

Auf solchen möglichen und regelmäßig wiederkehrenden Gedanken und echten Bewegungen des Dax basieren die Livingston-Zyklen. Bei ihnen ist immer ein klarer Anfang des Zyklus zu definieren, der dem Lauf der Börsen Rechnung trägt – der Monatsanfang.

Die Livingston-Zyklen sind leicht und ohne technische Analyse zu erkennen. Sie beruhen einfach auf der Betrachtung der Monatsendstände. Dabei gilt

- als Beginn eines Fall-Zyklus jeweils der erste Monat, dessen Endstand niedriger als der des Vormonats liegt und
- als Beginn eines Anstiegs-Zyklus jeweils der Monat, dessen Endstand über dem des vorherigen liegt.

Nach diesen Beobachtungen lassen sich z. B. die besten und schlechtesten Monate für Börsianer erkennen: Der Dezember ist der Monat, der am häufigsten mit dem jeweiligen Jahresmaximum (11-mal) aufwarten kann, mit einigem Abstand folgt der Januar (6-mal). Umgekehrt ist der Januar der Monat mit der größten Jahresminimum-Häufigkeit (12-mal). Als nächsthäufiger Monat präsentiert sich der Dezember (6-mal).

Gute und schlechte Monate im 40-Jahres-Vergleich

Häufigkeit Jahres-Maximum		*Häufigkeit Jahres-Minimum*	
Januar	6	Januar	12
Februar	1	Februar	5
März	3	März	3
April	2	April	1
Mai	3	Mai	0
Juni	2	Juni	3
Juli	4	Juli	3
August	5	August	0
September	1	September	4
Oktober	0	Oktober	3
November	2	November	0
Dezember	11	Dezember	6

Crashgefahr im Spätsommer

Schaut man sich die Monate mit dem stärksten prozentualen Anstieg gegenüber dem Vormonat im jeweiligen Jahr an, so häuft sich dies im Juli (9-mal), gefolgt vom Januar (6-mal) und den Monaten Februar und Dezember (jeweils 4-mal). Bei den Sturztendenzen fällt der Herbst auf (Oktober 8-mal, September 6-mal). Der Dezember weist eine Null auf.

Wann sich Kurse am stärksten bewegen

Häufigkeit der Monate mit max. prozentualem Anstieg		***Häufigkeit der Monate mit max. prozentualem Fall***	
Januar	6	Januar	3
Februar	4	Februar	2
März	2	März	2
April	2	April	2
Mai	2	Mai	5
Juni	2	Juni	4
Juli	9	Juli	3
August	3	August	3
September	1	September	6
Oktober	2	Oktober	8
November	3	November	2
Dezember	4	Dezember	0

Bei den Zyklen der absteigenden Kurse liegt der September mit einer Häufigkeit von 17 unangefochten an der Spitze. Das ist auch der Monat, mit dem der bis Anfang 2000 tiefste Absturz begann: 39,16 % innerhalb von 5 Monaten. Es folgen August (30,44 %), Dezember (29,26 %), März (24,57 %) und Juli (24,25 %). Der Dezember leitete 14-mal einen Abstieg ein, der Februar 12-mal. Die Monate Juni und August (jeweils 10-mal) folgen, dann März und April mit jeweils 9-mal. Die durchschnittliche Falltiefe während des gesamten Betrachtungszeitraums liegt bei –7,02 %, die Durchschnittsdauer bei 1,82 Monaten.

- Die Perioden mit den höchsten durchschnittlichen Falltiefen werden von August (9,59 %), September (9,46 %) und Dezember (8,09 %) eingeleitet.

Die längste vorkommende Falldauer beträgt acht Monate (von einem Dezember eingeläutet). Die nachfolgenden Zeiträume betragen nur maximal fünf aufeinander folgende Monate (Februar, März, April, Mai und September). Unterdurchschnittlich lange Perioden liefern Juli und November (beide 1,29 Monate), Januar und Juni (jeweils 1,6 Monate) sowie Februar und Oktober (1,67 Monate).

Die Betrachtung der Zyklen mit fallenden Kursen

Monat	Anzahl der Monate, die eine fallende Phase einleiten	Durchschnitt des Abfalls in Prozent am Ende der Fallphase	Durchschnitt der zusammenhängenden Fallphasen in Monaten
Januar	5	–3,44	1,60
Februar	12	–4,47	1,67
März	9	–6,09	1,78
April	9	–7,17	2,11
Mai	11	–7,78	2,09

Monat	*Anzahl der Monate, die eine fallende Phase einleiten*	*Durchschnitt des Abfalls in Prozent am Ende der Fallphase*	*Durchschnitt der zusammenhängenden Fallphasen in Monaten*
Juni	10	–6,65	1,60
Juli	7	–6,30	1,29
August	10	–9,59	1,90
September	17	–9,46	2,06
Oktober	6	–6,87	1,67
November	7	–3,37	1,29
Dezember	14	–8,09	2,07

In der Gesamtbetrachtung wurden für alle Monate die Verhältnisse von dann beginnenden Anstiegs- zu Abstiegsphasen ermittelt und wiederum in ein Verhältnis zu den durchschnittlichen Gewinn- und Verlustraten gesetzt. Für den Einstieg am deutschen Aktienmarkt empfehlen sich also die Monate in der nachstehenden Reihenfolge:

Erfahrungen aus 40 Jahren: Die besten Monate für den Aktienkauf

Beste Monate		*durchschnittliche Monate*		*schlechteste Monate*	
November	↑↑↑↑↑↑	März	↑↑	Mai	↓↓↓
Januar	↑↑↑↑↑	Juli	↑	Juni	↓↓↓↓
Oktober	↑↑↑↑	August	↓	Dezember	↓↓↓↓↓
Februar	↑↑↑	April	↓↓	September	↓↓↓↓↓↓

Psychologische Kräfte an der Börse

Übers Börsenklima wird viel gesprochen – bestimmt wird es im Normalfall von den bereits beschriebenen wirtschaftlichen bzw. politischen Rahmendaten. Aber oft kommen auch psychologische Effekte zum Tragen. Ein Beispiel dafür ist die Entwicklung vor allem des deutschen Aktienmarktes von Ende 1999 bis ins Frühjahr 2001.

Nach den klassischen Börsenzyklen stand der Höhenflug des Dax im Frühjahr 2000 schon mehrere Monate lang auf höchst wackeligen Beinen. Die Gründe:

- In Europa und den USA ließ die Zinsentwicklung deutliche Zeichen für einen Anstieg erkennen.
- Dow Jones und Nasdaq in den USA hatten sich im Gegensatz zur deutschen Börse bereits deutlich nach unten bewegt.
- Die überwiegende Zahl der Kurse von deutschen Standardaktien war gegenüber dem Jahresbeginn nicht gestiegen oder sogar gefallen und
- der Höhenflug des Dax wurde nur von sehr wenigen Titeln getragen.

Warum aber wirkten sich diese für Aktien negativen Rahmenbedingungen nicht auf die Kurse aus? Warum ging die Hausse weiter bis zum im April einsetzenden »Crash auf Raten«, der zum Jahresende 2000 sogar in den Zusammenbruch des Neuen Marktes mündete? Die Antwort ist einfach: Es gab ein völ-

lig überhitztes Umfeld, die bereits beschriebene »Dienstmädchen-Hausse«, in der plötzlich zu viele unerfahrene Anleger ihr Geld an die Börsen trugen – im blinden Vertrauen auf weitere Kursgewinne.
Eine solch massive, von vielen getragene Vorstellung, der Weg der Börse führe nur zum Gewinn, ist sehr gefährlich. Nicht mehr fundamentale Werte und Kennziffern, sondern nur noch die Gier treibt den Markt. Und deshalb sollte man nie vergessen, bei der täglichen Betrachtung der Wirtschafts- und Börsendaten vor allem Folgendes zu beachten:

- Das Verhältnis von Gewinnern zu Verlierern sollte deutlich mehr Gewinner aufweisen, denn dann beruht ein Kursanstieg auf breiter Basis.
- Der tägliche Börsenumsatz sollte in etwa dem (als Kennzahl immer zum Vergleich genannten) Jahresdurchschnitt entsprechen, denn dann ist tatsächlich die breite Anlegerschicht aktiv – und es gibt ein solides Fundament für das jeweilige Kursniveau.
- Die Put/Call-Ratio als Stimmungsbarometer und Verhältnis von Verkaufsoptionen (Puts) zu Kaufoptionen (Calls) bei den Optionsscheinen gibt die Trenderwartung der Marktteilnehmer an. Bei Werten unter eins ist mit steigenden, bei Werten über eins mit fallenden Kursen zu rechnen.

Natürlich ist es schwer, sich einer allgemeinen Goldrausch-Stimmung zu entziehen. Aber eben diese genannten Werte geben, wie die nachfolgend noch beschriebenen Faktoren, wichtige Hinweise darauf, wann der Goldrausch vorbei und eventuell sogar mit einem herben Absturz zu rechnen ist.

Ein jeder suche seinen Schutz vor dem Herdentrieb

Die psychologischen Einflüsse an der Börse sind eine der gefährlichsten Fallen für Anleger und führen unter anderem dazu, dass

- ein starker Kursanstieg selbst zum Motor eines weiteren Kursanstiegs wird oder
- ein Abwärtssog so stark wird, dass er selbst positive Nachrichten auslöscht oder ins Gegenteil verkehrt.

In beiden Fällen werden die eigentlich an der Börse relevanten wirtschaftlichen Rahmendaten durch menschliche Stimmungen überlagert: Gier und Angst.
Für das Phänomen der Gier hat die Börse ihre Begriffe gefunden: »Hausmädchen-« oder »Dienstmädchen-Hausse« wird der dadurch erzielte Effekt genannt.
Diese Stimmung tritt nach einer Phase sehr starker Kursgewinne ein und beschreibt die Situation, dass viele Anleger auch ohne Börsenerfahrung nun ebenfalls das schnelle Geld machen wollen. Ohne konkretes Wissen, ohne Erfahrung setzen sie ihr Geld ein und treiben damit die Kurse noch weiter hoch. Börsianer sagen: Die Hausse nährt die Hausse. Genau dieses Szenario konnte jeder im Jahr 2000 am Neuen Markt der Deutschen Börse beobachten.
Ebenso wirkt sich der Faktor Angst an der Börse aus. In einer Phase schwacher und stetig weiter abbröckelnder Kurse wird gern davon gesprochen, dass die Anleger »ihr Pulver trocken halten«, also in einer Warteposition stehen. Alle haben Angst vor weiteren Rückschlägen, suchen nach der Wendemarke oder zumindest einer Phase der Bodenbildung. Kommen gute Nachrichten, reagieren die Kurse oft nicht mit einem Anstieg. Im Gegenteil: Sie sinken manchmal noch weiter, weil in sol-

chen Situationen selbst gute Nachrichten negativ gesehen werden. Typische Reaktion der verängstigten Anleger: »Die Nachricht ist ja nicht schlecht – aber sie hätte deutlich besser ausfallen müssen, um als Wendesignal gewertet werden zu können.«

Vom Geschehen gepackt, ist es für den Anleger kaum möglich, das Szenario kritisch zu sehen, sein eigenes Verhalten auf Richtigkeit zu überprüfen. Es ist etwas Normales, vom Herdentrieb erfasst und so Opfer von Entwicklungen zu werden. Als direkt Beteiligter am aktuellen Börsenszenario verlieren wir die Fähigkeit zur Objektivität. Wir müssen uns durch das Setzen fester Marken vor irrationalen Entscheidungen schützen.

»Behavioral Finance« – sich vor Fallen schützen

Schon seit geraumer Zeit beschäftigen sich Wissenschaftler mit dem Einfluss psychologisch und sozial bedingter Verhaltensmuster bei Anlageentscheidungen. Diese verhaltensorientierten Entscheidungen werden gern mit dem Schlagwort »Behavioral Finance« bezeichnet.

Grundlage dieser Überlegungen ist die bereits vor über 20 Jahren in den USA festgestellte Tatsache, dass Aktienkurse viel stärker schwanken, als es nach den dafür maßgebenden wirtschaftlichen Faktoren und Rahmenbedingungen zu erwarten wäre. Der US-Ökonom Robert Shiller hat daraus die Schlussfolgerung gezogen, dass es neben den fundamentalen Daten noch weitere – nicht wirtschaftliche – Faktoren geben muss, die Kursbewegungen auslösen. Und eben diese Faktoren sind in den vergangenen Jahren immer präziser analysiert worden.

Das Ergebnis:

- Oft spielen menschliche Ängste,
- Verdrängung von klaren Zusammenhängen und
- Selbstüberschätzung

gerade der noch unerfahrenen Börseneinsteiger bei den Kursveränderungen eine wesentlich wichtigere Rolle als die wirtschaftliche Rahmendaten.

Ein ganz wesentliches Merkmal der verhaltensbedingten Anlageentscheidungen ist der Wunsch nach Bestätigung. Der Anleger will die Richtigkeit der getroffenen Entscheidungen bestätigt bekommen und nimmt in immer stärkerem Maße nur noch solche Nachrichten und Tendenzen wahr, die seine Entscheidungen richtig erscheinen lassen.

Dabei spielt es keine Rolle, ob diese bestätigenden Nachrichten nur noch 10 Prozent der Trendmeldungen ausmachen und 90 Prozent aller Nachrichten das eigene Verhalten als falsch darstellen.

Fasst man die Untersuchungen zu den verhaltensbedingten Entscheidungen der Anleger zusammen, zeigen sich vor allem folgende Muster als die großen Fehler:

- **Kompetenzüberschätzung:** Anleger halten sich, nachdem sie bereits einen womöglich nur auf dem Ausnutzen eines klaren Trends beruhenden Börsengewinn eingestrichen haben, für börsenerfahren, überschätzen damit ihre Fähigkeiten.
- **Realitätsverlust:** Anleger ignorieren alle Informationen, die ihre eigenen Entscheidungen als kritisch oder sogar falsch erscheinen lassen – auch wenn diese Nachrichten in der Gesamtzahl deutlich überwiegen.
- **Kritikunfähigkeit:** Im Gegensatz zu den institutionellen Anlegern diskutieren private Spekulanten zu wenig mit an-

deren und stellen ihre Entscheidungen nur höchst ungern zur Diskussion. Denn sie wollen Bestätigung erfahren und verschließen sich gegenüber kritischen Stimmen zu ihrem Verhalten.

- **Verdrängung:** Eine Niederlage oder falsche Entscheidung wird schnell aus dem Gedächtnis gestrichen, Gewinne dagegen werden in einem mindestens dreimal größeren Maße bewertet. Dies führt dazu, dass Gewinne viel zu früh, Verluste aber viel zu spät realisiert werden.
- **Spontaneität:** Viele Privatanleger setzen sich bei ihrer Anlageentscheidung keine klaren Ziele. Sie kaufen Werte, ohne gleichzeitig klare Vorgaben für einen Ausstieg festzulegen. Dies sollte aber unbedingt geschehen, für einen Ausstieg mit der Realisierung von Gewinnen ebenso wie für einen mit der Realisierung von Verlusten.
- **Zielvorgabenverlust:** Im engen Zusammenhang mit dem vorstehenden Punkt ist zu sehen, dass selbst bei erfolgter Festlegung von Ein- oder Ausstiegsmarken diese angesichts des aktuellen Börsengeschehens oft über den Haufen geworfen werden. Die einmal getroffene Zieldefinition wird ständig verschoben, weil der Anleger damit die erzielten Gewinne noch weiter zu steigern hofft oder gegen die psychologische Sperre ankämpft, Verluste zu realisieren.
- **Preisirritation:** Anleger bewerten die Güte eines Papiers nicht anhand der klassischen Kennzahlen, sondern lassen sich z. B. von den niedrigen Stückpreisen einer Aktie leiten – dieses Verhalten wird als Nominal-Illusion bezeichnet. Der Kaufpreis einer Aktie aber sagt gar nichts über deren Kurspotenzial aus.
- **Vergangenheitsgläubigkeit:** Ebenso oft ist zu beachten, dass nicht aktuelle Kennzahlen zu einem Papier, sondern dessen Erfolge in der Vergangenheit herangezogen und

auch dann noch überbewertet werden, wenn die augenblicklichen Entwicklungen längst ein anderes Bild zeigen.

Einfache Mittel gegen die Psychofallen

Der beste Schutz davor, sich durch verhaltensbedingte Entscheidungen um den Erfolg zu bringen, ist eine klare Definition aller Umstände, die im Zusammenhang mit einer Anlage zu berücksichtigen sind. Ein einfaches Mittel, um diese Vorgaben auch unter dem Eindruck eines nicht erwarteten Börsengeschehens nicht aus den Augen zu verlieren, ist die folgende Checkliste, die sich zu jeder Anlage aufstellen lässt und in die in zeitnahem Zusammenhang mit dem Kauf alle Vorgaben der linken Spalte mit konkreten, individuellen Angaben zu versehen sind.

Check- und Kontrollliste für die persönliche Anlageentscheidung

Wertpapier, Wertpapierkennnummer	***Name, Nummer***
Ich setze folgenden Betrag sofort ein	Euro
Ich halte folgenden Betrag als Reserve für eventuelle Nachkäufe, Verbilligungen	Euro
Ich erwarte von diesem Engagement einen Kursgewinn von	Prozent
Ich erwarte diesen Kursgewinn innerhalb einer Zeitspanne bis zum	Datum
Ich rechne eventuell mit einem Kursverlust von	Prozent
Ich will einen Kursverlust mindestens aussitzen bis zum	Datum
Ich handle sofort bei einem Kursverlust von	Prozent
Ich will folgende Stückzahl erwerben	Stück

Wertpapier, Wertpapierkennnummer	***Name, Nummer***
Ich kaufe maximal zu einem Kurs von	Euro
Ich kaufe erst bei einem Kurs von mehr als	Euro
Ich kaufe erst bei einem Kurs von weniger als	Euro
Ich realisiere meinen Kursgewinn erstmals bei einem Kurs von	Euro
Ich verkaufe bei diesem festgelegten Kurs die folgende Stückzahl	Stück
Ich realisiere einen weiteren Kursgewinn bei einem Kurs von	Euro
Ich verkaufe bei diesem festgelegten Kurs die folgende Stückzahl	Stück
Ich kaufe erstmals Papiere nach, um meinen Einstieg zu verbilligen, bei einem Kurs von unter	Euro
Ich kaufe dann folgende Stückzahl nach	Stück
Ich kaufe zur weiteren Verbilligung erneut Papiere nach bei einem Kurs von	Euro
Ich kaufe dann folgende Stückzahl nach	Stück
Ich verkaufe erstmals einen Teil der Papiere bei einem Kurs von	Euro
Ich verkaufe dann eine Stückzahl von	Stück
Ich stoße alle Papiere ab und realisiere den Verlust spätestens bei einem Kurs von	Euro

Allein schon dadurch, dass für diese Check- und Kontrollliste feste Marken überlegt und gesetzt werden müssen, lassen sich zahlreiche Fallen der verhaltensbedingten Anlageentscheidungen umgehen. Für den sicheren Anlageerfolg und zum Vermeiden weiterer Fehler ist aber auch die Beachtung der folgenden Punkte wichtig.

Vertrauen in die Regelmäßigkeiten der Börse

Alles hängt vom Zeitpunkt des Kaufs und Verkaufs ab – und da gehört auch Glück dazu. Lassen Sie sich weder von irgendwelchen »Beratern« noch von speziellen Informationsdiensten weismachen, sie könnten Ihnen innerhalb einer kurzen Zeitspanne zu garantierten Gewinnen verhelfen. Wer wirklich über todsichere Tipps verfügt, wird sie kaum verraten, sondern selbst nutzen.

Es gibt bestimmte Regeln, nach denen sich die Kurse bisher immer bewegt haben – und die aller Wahrscheinlichkeit nach auch künftig ihre Gültigkeit behalten. Typische Zusammenhänge, die Sie ausnutzen können: Wenn Zinsen sinken, lohnt sich das Sparen nicht mehr – alle kaufen Aktien, die Kurse steigen. Steigen dagegen die Zinsen, dann bringen festverzinste Wertpapiere sichere Gewinne – viele Anleger steigen bei Aktien aus: die Kurse sinken.

Ein hoher Dollarkurs als Welt-Leitwährung bedeutet bessere Marktchancen und Gewinne für deutsche Exportunternehmen (z. B. Fahrzeughersteller, Maschinenbauer). Denn alles, was in Euro abgerechnet wird, ist dann durch die Wechselkursverschiebungen preiswerter (deutsche und europäische Exporteure erhalten einen höheren Gegenwert in Euro). Auch andere Wirtschaftsnachrichten lassen Rückschlüsse auf Akienbewegungen zu.

Kapital richtig einsetzen und streuen

Kaufen Sie nur dann Aktien, wenn Sie außerdem noch über sichere Geldanlagen (Festzinspapiere) verfügen. Es wäre unverantwortlich, sein gesamtes Geld auf Aktien zu setzen oder sogar ohne Geld und nur auf Kredit zu spekulieren (was Banken gerne finanzieren). Setzen Sie auch nie Geld ein, über das Sie zu einem bestimmten Zeitpunkt verfügen müssen. Denn das Risiko von

Kursverlusten ist unvermeidbar – aber Sie können es verringern, die Verluste zum ungünstigen Zeitpunkt realisieren zu müssen. Nicht Aktien einer Firma kaufen, sondern auf mindestens drei setzen. Wenn Sie Ihre Auswahl anhand von Wirtschaftsnachrichten oder speziellen Empfehlungen für Anleger treffen, schauen Sie immer noch einmal auf die jeweiligen Börsenkurse der letzten Wochen und die Kennzahlen. So lässt sich erkennen, ob ein kurzfristiger Anstieg, auf den Sie setzen wollten, eventuell schon stattgefunden oder sogar seinen Höhepunkt überschritten hat.
Machen Sie nicht den Fehler, kleine Aktienmengen häufig zu handeln. Jeder Aktienkauf und -verkauf kostet Gebühren, viele Geldinstitute verlangen hohe Mindestsätze. Das bedeutet, dass bei kleinen Aktienpaketen oft allein schon 10 Prozent Kursgewinn eingestrichen werden müssen, nur um Kauf- und Verkaufskosten abgedeckt zu haben.
Investmentfonds taugen zwar nur eingeschränkt zum Spekulieren, weil durch die Ausgabeaufschläge schon ein erheblicher Teil des Wertgewinns aufgezehrt wird. Als Faustregel für die persönliche Planung sollte man davon ausgehen, dass ein Verkauf erst nach fünf Jahren sinnvoll ist. Aber dic Fonds sind auch schon für kleines Geld zu haben, können durch Sparpläne (ab 50 Euro monatlich) erworben werden. Und damit bieten sie eine ideale Börsenchance für Normalverdiener und zum Vermögensaufbau.

Anlageverhalten und Psyche müssen passen

Die Grundentscheidung bei der Zusammenstellung einer individuellen Anlagestrategie ist nicht nur die Frage, was in das Depot gelegt wird, sondern auch, welcher Anlagezweck verfolgt wird und wie es um die eigene Nervenstärke bestellt ist. Drei Faktoren sind dabei zu berücksichtigen:

1. Sicherheit
2. Liquidität
3. Rentabilität (Rendite)

Auf welches Kriterium das meiste Gewicht gelegt werden soll, hängt von den persönlichen Präferenzen des Anlegers ab:
Sicherheit bedeutet, dass das angelegte Vermögen erhalten bleibt. Dabei hängt die Sicherheit der Anlage von verschiedenen Risiken ab: die Bonität des Unternehmens, das Kursrisiko oder das Währungsrisiko bei Auslandsanlagen. Ihr Vermögen ist sicherer angelegt, wenn Sie es aufteilen. Eine solche Vermögensstreuung kann nach verschiedenen Aspekten erfolgen, so zum Beispiel nach Wertpapierformen, Branchen, Ländern oder Währungen.
Die Liquidität einer Kapitalanlage ist davon abhängig, wie schnell der investierte Betrag wieder in Bankguthaben oder Bargeld umgewandelt werden kann. Seien Sie achtsam bei illiquiden Märkten.
In diesen Fällen kommen an der Börse Notierungen zustande, ohne dass ge- oder verkauft wird (keine Umsätze). Die Kurse der Aktien bestehen dann nur aus Angebot (Briefkurs) oder Nachfrage (Geldkurs). Kauf- oder Verkaufsaufträge können nicht sofort abgewickelt werden, manchmal nur in Teilen oder zu ungünstigeren Bedingungen. Zusätzlich müssen Sie mit hohen Transaktionskosten rechnen.
Die Rentabilität einer Vermögensanlage wird aus deren Ertrag ermittelt. Zu den Erträgen einer Aktie gehören Dividendenzahlungen sowie Wertsteigerungen in Form von Kurssteigerungen. Je nachdem, welches Papier Sie besitzen, fließen

Ihnen entweder die Erträge regelmäßig zu oder sie werden angesammelt. Die Höhe der Erträge ist jedoch nicht immer konstant, sie kann im Zeitverlauf schwanken.
Mit Rendite wird der Ertrag bezeichnet, den eine Anlage nach Ablauf eines bestimmten Zeitraumes erzielt hat. Mit Hilfe ihrer Standardisierung (die Rendite wird als Prozentwert angegeben und bezieht sich gewöhnlich auf ein Jahr) sollen die verschiedensten Anlagemöglichkeiten miteinander vergleichbar gemacht werden.
Vergleichen Sie Anlagen also über die Rendite. Denn die Rendite lässt sich immer berechnen und vergleichen, unabhängig von der Höhe des eingesetzten Kapitals und des Anlagezeitraumes.

Portfolio für Anleger ohne oder mit geringer Risikobereitschaft

Schon auf den ersten Blick lässt das Depot erkennen, dass der Anleger vor Überraschungen weitestgehend geschützt sein möchte. Seine Erträge sind kalkulierbar. Nun werden Sie sich fragen, wo denn hier der Anteil für die Spekulation bleibt. Die Antwort: Er ist bei der klassischen Anlagenzusammenstellung für den sicherheitsbewussten Anleger gar nicht eingeplant.
20 % Liquidität durch Anlagen in Festgeldern mit unterschiedlichen Laufzeiten und in Geldmarktfonds.
30 % Rentabilität durch Wertpapiere mit fester Verzinsung (Rentenpapiere) und unterschiedlichen Laufzeiten bzw. Rentenfonds.
50 % Sachwerte durch Geldanlagen in Immobilien überwiegend zur Selbstnutzung oder in offenen Immobilienfonds.

Portfolio für Anleger mit mittlerer Risikobereitschaft

Hier wird ein kleiner Teil des gesamten Anlagevolumens zur Spekulation eingesetzt. Banker sprechen gern von Spielgeld –

nicht wegen der Höhe, sondern um durch die Arbeit mit diesem Spekulationsanteil erste Erfahrungen zu sammeln. Wir empfehlen diese Depot-Zusammenstellung auch den sicherheitsbewussten Anlegern, die künftig mehr mit ihrem Geld arbeiten wollen.

10 % Liquidität durch Anlagen z. B. in Festgeldern zum Teil mit kurzen Laufzeiten oder Tagesgeldkonten, um schnell auf veränderte Konditionen umschwenken zu können.

40 % Rentabilität durch Anlagen in festverzinsten Wertpapiere bzw. in Rentenfonds (Euro-Raum und international).

30 % Sachwerte, wobei neben dem selbst genutzten Wohneigentum hier die klassischen Immobilienanlagen wie Direkterwerb zur Vermietung und offene Immobilienfonds zählen, ebenso Anlagen in Aktienfonds für Standardwerte oder in gemischten Aktienfonds und in Einzelwerten, dann aber nur in Standardwerten (Blue Chips).

20 % Spekulation wird zwar betrieben aber in Maßen. Als Anlagen kommen neben Aktienfonds für Wachstumswerte und -märkte auch Einzelwerte in Frage, etwa aus dem Nemax 50 oder von der Nasdaq.

Portfolio für Anleger mit hoher Risikobereitschaft

Hier zeigt sich nicht nur am hohen Spekulationsanteil der Mut zum Risiko, sondern auch an der Streuung der Spekulationsanlagen. Sachwerte spielen bei der Anlagenmischung nur insofern eine Rolle, als eventuell eine selbst genutzte Immobilie vorhanden ist. Die wird aber vom Anleger selbst meistens gar nicht als »Kapital« angesehen, ist also auch bei unserer Depot-Darstellung nicht berücksichtigt.

20 % Liquidität bekommt hier wieder einen größeren Stellenwert, kann auch auf 10 Prozent sinken (zugunsten des Spekulationsanteils). Umgekehrt fließen die Gelder aus abgeschlossenen Spekulationen vorübergehend in den Liquiditätsanteil.

30% Rentabilität wird hier mit risikoreicheren Papieren verfolgt als bei den anderen beiden Musterdepots. So fließen die Anlagen unter anderem in kurz laufende Währungsfonds, in Währungsanleihen (weltweit) mit kurzen Laufzeiten unter vier Jahren und in internationale Rentenfonds oder in Aktienfonds, dabei auch in solche für Wachstumswerte und -märkte.

50% Spekulation wird betrieben durch den Kauf einzelner Nebenwerte (auch international) aus Wachstumsbranchen und von Optionsscheinen.

Aktiengeschäfte auf Kredit – die große Falle

Jeder an der Börse Interessierte muss auf zwei ganz wesentliche Regeln für alle Anlagen hingewiesen werden. Man sollte

- nur Geld an der Börse einsetzen, das man nicht zu einem vorbestimmten Zeitpunkt benötigt und
- nie Geld an der Börse einsetzen, das man gar nicht hat – sich also leihen muss.

Eine Zeit, in der solche Ratschläge von vielen nicht mehr beachtet wurden, war das Jahr 2000. Es wurde auf Kredit spekuliert – ungeachtet der Tatsache, dass die Bank dieses Geld natürlich zu einem bestimmten Zeitpunkt mit Zinsen zurückbekommen will.

Preiswerte Effekten-Kredite werden von Banken gern großzügig vergeben. Nun sind Effekten-Kredite, bei denen das Wertpapier-Depot als Sicherheit für das Darlehen eingesetzt wird, keine neue Erfindung aus den Zeiten von Neuem Markt und

New Economy. Schon immer war es möglich, sein Aktiendepot zu beleihen. Folgende Rahmenbedingungen gelten üblicherweise dafür:

- Die Zinsen liegen im Schnitt um etwa einen Prozentpunkt unter denen für Hypothekendarlehen.
- Die Kreditsumme wird normalerweise durch den halben Depotwert begrenzt.

Für den Kunden hat der klassische Effekten-Kredit den Vorteil, dass durch Verpfändung des Depots schnelle Liquidität verschafft werden kann. Für die Bank bietet er den Vorteil einer hohen Sicherheit, weil der Depotwert im Normalfall die doppelte Höhe des ausgeliehenen Betrages ausmacht und sich diese Sicherheit viel schneller – durch Verkauf der Depotwerte – verwerten lässt als z. B. eine Immobilie. Das erklärt auch den niedrigeren Kreditzins.
Allerdings gibt es – abweichend von der 50-Prozent-Regel – auch andere Beleihungsgrenzen, abhängig von der Art der im Depot befindlichen Wertpapiere. So werden z. B. bei Aktien des Neuen Marktes und bei ausländischen Werten oft nur Beleihungsgrenzen von 30 oder noch weniger Prozent des aktuellen Kurswertes eingeräumt.
Angenommen, das Depot weist einen Wert von 10 000 Euro auf und die Hälfte des Depotwertes ist über Kredit finanziert – macht also 5000 Euro. Fällt der Kurs um 50 Prozent, sind nur noch 2500 Euro durch den Depotwert gedeckt. Der Anleger wird von seiner Bank aufgefordert, eigenes Kapital zur Aufstockung der Sicherheit nachzuschießen (»Margin Call«). In diesem Fall müssten 2500 Euro aufgebracht werden.
Gelingt es dem Kunden nicht, die Sicherheit innerhalb kurzer Zeit auszugleichen, werden die beliehenen Aktien von der

Bank verwertet – verkauft, unabhängig von dem sich daraus für den Anleger ergebenden Verlust. Noch lassen sich deutsche Institute mit dieser Verwertung zwar im Schnitt vier Wochen Zeit – doch ist erkennbar, dass demnächst kürzere Spannen (in den USA selten mehr als drei Tage) zum Tragen kommen.
Wer ohnehin schon kein Geld zum Spekulieren hat, wird allerdings auch für den »Margin Call« kaum auf Reserven zurückgreifen können. Es liegt nahe, von allen möglichen noch greifbaren Girokonten Geld bis in den ungenehmigten Überziehungsbereich abzuheben und im Rahmen der Nachschusspflicht an die Depotbank weiterzuleiten.
Für die ungenehmigten Überziehungen werden bis knapp 20 Prozent an Zinsen fällig. Es entstehen Kosten, die auch durch gute Wertgewinne des Depots nur noch schwer auszugleichen sind. Vor allem aber besteht die Gefahr, dass die Banken, die das Girokonto führen, den Geldhahn zudrehen. Bei ungenehmigten Überziehungen liegt es in deren Ermessen, auf die Geldbremse zu treten.
Sinken die Kurse noch weiter, ist also folgendes Szenario denkbar:

- Die depotführende Bank verlangt erneut einen Nachschuss.
- Die Kreditlinien auf den Girokonten sind so weit ausgereizt, dass kein Geld mehr zu beschaffen ist.
- Wegen ungenehmigter Überziehung werden Daueraufträge, Lastschriften und Überweisungen nicht mehr ausgeführt.

Selbst die Schutzvereinigung für Wertpapierbesitz und das Deutsche Aktieninstitut raten grundsätzlich von Spekulationen auf Kredit ab.

Trotzdem können Effekten-Kredite sehr interessant sein – denn es ist z. B. denkbar, bei vorübergehendem Finanzbedarf (z. B. für einen Autokauf) ein vorhandenes Depot zu beleihen, wenn der Kredit deutlich unter der Beleihungsgrenze (maximal 50 Prozent der Grenze, also 25 Prozent des Depotwerts) bleibt. Der Effekten-Kredit ist erheblich preiswerter als jedes andere Darlehen. Das ist vor allem dann von Vorteil, wenn die Zinsen nicht (bei privater Kreditverwendung) steuerlich geltend gemacht werden können. Durch eine im Verhältnis zum Depotwert niedrigere Kreditsumme kommt man außerdem nicht in die Gefahr, nachschießen zu müssen.

Gute Ratschläge brauchen Beispiele, wenn sie wirken wollen

Wir zeigen in den folgenden Rechenmodellen die Auswirkungen eines Kreditkaufs von Aktien auf der Basis von 10 000 €, bei dem außerdem eine Ordergebühr von 0,5 Prozent und eine Depotgebühr von 0,1 Prozent angenommen sowie mit einer Bearbeitungsgebühr für den Kredit in Höhe von 2 Prozent der Ordersumme ausgegangen wurde.

Weil wir aus Erfahrung wissen, dass ein unerfahrener Anleger den Kauf auf Kredit oft aus verschiedenen Quellen speist, haben wir außerdem unterschiedliche Kredittypen berücksichtigt, nämlich vom endfälligen Darlehen (Kunde zahlt nur Zinsen) für 5 Prozent (was einem klassischen Effekten-Kredit entspricht) bis hin zu Ratendarlehen (Kunde zahlt Zins und Tilgung) für durchaus bankübliche 10 Prozent. Die Ergebnisse zeigen: Im Fall einer 100-prozentigen Kreditfinanzierung muss der Kunde mit seinem Aktiendepot einen Kursgewinn von 13,4 Prozent erzielen, um überhaupt die Kosten zu decken.

Die Chancen und Risiken zeigen die verschiedenen durchgerechneten Szenarien, bei denen eine Kursverdoppelung (+100 %), eine Halbierung (–50 %), eine dem Dax auf Basis der

Werte von 1999 entsprechende (+39 %) und eine dem Dax 100 auf Basis der Werte von 1999 (+35 %) angenommen wurde.

Gewinn-und-Verlust-Rechnungen bei einem zu 50 Prozent auf Kredit finanzierten Aktienkauf

Entwicklung des Aktienkurses	*Kreditzins endfällig*		*Ratenkredit Zins*	
	10 %	5 %	10 %	5 %
plus 100 %	9 220,00	9 475,00	9 494,01	9 612,56
minus 50 %	–5 690,00	–5 435,00	–5 415,99	–5 297,44
wie Dax (1999: +39 %)	3 156,60	3 411,60	3 430,61	3 549,16
wie Dax 100 (1999: +35 %)	2 759,00	3 014,00	3 033,01	3 151,56
Gewinne winken ab Kursgewinn von mindestens	7,3 %	4,7 %	4,5 %	3,3 %

Gewinn-und-Verlust-Rechnungen bei einem zu 100 Prozent auf Kredit finanzierten Aktienkauf

Entwicklung des Aktienkurses	*Kreditzins endfällig*		*Ratenkredit Zins*	
	10 %	5 %	10 %	5 %
plus 100 %	8 610,00	9 120,00	9 158,03	9 395,12
minus 50 %	–6 300,00	–5 790,00	–5 751,97	–5 514,88
wie Dax (1999: +39 %)	2 546,60	3 056,60	3 094,63	3 331,72
wie Dax 100 (1999: +35 %)	2 149,00	2 659,00	2 697,03	2 934,12
Gewinne winken ab Kursgewinn von mindestens	13,4 %	8,3 %	7,9 %	5,5 %

Manch einer mag denken, dass sich 13,4 Prozent als Wertgewinn realisieren lassen. Doch vergessen werden sollte nicht, einen Blick in die Spalte mit den Verlusten bei einem 50-prozentigen Kursrückgang zu werfen. Damit aber ist in turbulenten Börsenzeiten ebenso zu rechnen wie mit einer Kursverdoppelung. Und so lässt sich nur ein Fazit ziehen: Der Kauf von Aktien auf Kredit ist ein Glücksspiel – und in diesem Spiel gibt es immer nur einen garantierten Gewinner: die Bank.

Das Börsen-Abc – die wichtigsten Begriffe der Finanzwelt

Aktie: Wertpapier, das einen Anteil am Vermögen einer Aktiengesellschaft verbrieft. Der Eigentümer ist damit Teilhaber des Unternehmens und hat Anspruch auf eventuell ausgezahlte *Dividende* und, falls er Inhaber einer *Stammaktie* ist, auf Wahrnehmung seines *Stimmrechts* auf der Hauptversammlung.

Aktiengesellschaft (AG): Unternehmen, dessen Grundkapital in Form von Aktien verbrieft wird. Die einzelnen Aktionäre sind nicht nur Miteigentümer der Gesellschaft, sondern auch Mithafter, allerdings nur mit dem *Nennwert* der Aktie.

Amtlicher Handel: Hier gelten für den Handel mit Wertpapieren die strengsten gesetzlichen Vorschriften. Die Geschäfte wickeln amtliche Makler ab. Die *Emittenten* werden nur zugelassen, wenn sie z. B. einen Zulassungsprospekt auf der Grundlage dreier Jahresabschlüsse vorlegen, Zwischenberichte veröffentlichen, einen voraussichtlichen Mindestgesamtkurswert von 1,25 Millionen Euro nachweisen und eine Bank als Mitantragsteller nennen, die zum Börsenhandel zugelassen ist.

Anleihe: Sammelbegriff für alle festverzinslichen Wertpapiere, praktisch ein Schuldschein. Während der Laufzeit (z. B. zehn Jahre) gibt es regelmäßig garantierte Zinsen, am Ende das eingezahlte Kapital zurück; anderer Name dafür: Rentenpapier.

Annuität: Jährlicher und planmäßiger Rückzahlungsbetrag einer *Anleihe*, bestehend aus Tilgung und Verzinsung.

Asset: Anlageobjekt

Asset Allocation: Zusammenstellung bestimmter Anlageformen nach einem bestimmten Konzept, etwa nach Sicherheit oder Risiko.

Baisse: Starke Kursrückgänge an der Börse über einen längeren Zeitraum.

Bären: Vorsichtige Anleger, Schwarzseher an der Börse, die ständig mit einem überraschenden Kurssturz rechnen – dazu bekennt sich auch der Autor dieses Buches.

Basispunkt: Allgemeine Bezeichnung für ein Hundertstel eines Prozents (0,01%). Damit werden Unterschiede z. B. in Rendite, Preis oder Kurs bezeichnet.

Basket: Das englische Wort für »Korb« bezeichnet die Zusammenstellung verschiedener Werte, beispielsweise von Aktien mehrerer Unternehmen derselben Branche.

Benchmark: Orientierungspunkt, Richtgröße. Beispiel: Der Anlageerfolg (Wertentwicklung) eines deutschen Aktienfonds wird mit der Benchmark des *Dax* verglichen.

Berichtigungsaktie: Wenn eine Aktiengesellschaft offene Rücklagen in gezeichnetes Grundkapital umwandelt, werden die zusätzlichen Aktien an die Altaktionäre ausgegeben. Der Anteil für jeden Aktionär bleibt auf diese Weise konstant, verteilt sich jedoch auf eine größere Zahl von Aktien.

Bestens: Zusatz beim Verkaufsauftrag für Wertpapiere, bedeutet, dass zum höchstmöglichen Kurs (bestens) verkauft werden soll.

Bezugsrecht: Bezieht sich meistens auf das Recht des Aktionärs, ein Vorkaufsrecht auf neue Aktien seines Unternehmens zum Vorzugspreis zu erwerben. Das Bezugsrecht kann verkauft werden, sein Wert wird tagesaktuell festgestellt.

Bilanz: Am Ende des Geschäftsjahres werden aktive und passive (Soll und Haben) Posten einander gegenübergestellt und so der Vermögensstand eines Unternehmens ermittelt.

Billigst: Zusatz beim Auftrag an ein Kreditinstitut, Wertpapiere oder Devisen zum niedrigstmöglichen Kurs (billigst) zu kaufen.

Blue Chips: Aus dem Amerikanischen kommender Börsenbegriff für die größten und bekanntesten Standardwerte eines Aktienmarkts.

Bond: International verwendete Bezeichnung für (fest-)verzinsliche Wertpapiere, meist für die langfristig laufenden (siehe *Anleihe). Kurzfristige Papiere laufen unter dem Begriff Notes.*

Bonus: Außerordentliche Zahlungen, z. B. aus Sondererträgen, an die Aktionäre über die *Dividende* hinaus.

Bookbuilding: Platzierungsverfahren bei *Neuemissionen*, bei dem Investoren in die Preisfindung eingebunden sind, indem ihre Zeichnungswünsche und Preisvorstellungen ausgewertet werden.

Börse: Handelsplätze für Wertpapiere. Der börsliche Präsenzhandel (Parketthandel) gliedert sich in drei Teilmärkte: Amtlicher Handel, geregelter

Markt und Freiverkehr. Außer im Präsenzhandel ist der Handel über die Computerbörse (IBIS) möglich. In Deutschland stehen die Wertpapierbörsen unter staatlicher Aufsicht, der Börsenvorstand entscheidet über die Zulassung von Personen zum Börsenhandel.

Break-even-Kurs: Kurs des Basiswertes bei Optionsgeschäften, ab dem unter Berücksichtigung der gezahlten Optionsprämie eine verlustfreie Ausübung des Optionsrechts möglich ist.

Briefkurs: Kurs, zu dem Wertpapiere oder Devisen verkauft werden sollen. Ein »B« im Börsenteil der Tageszeitung bedeutet, dass zu diesem Kurs Verkaufsangebote vorlagen, sich jedoch keine Käufer fanden. Gegensatz: Geldkurs, der den Kaufpreis angibt. Für den Anleger stellt sich der Briefkurs regelmäßig höher dar als der Geldkurs.

Broker, Brokerage: Englischer Ausdruck für Börsenmakler, der den Wertpapierhandel (Brokerage) abwickelt. Er schließt im Auftrag anderer gegen Provision Wertpapiergeschäfte ab.

Buchgewinn, -verlust: Differenz zwischen dem Kaufkurs und dem aktuellen Tageskurs, der jedoch zunächst nur in den Büchern (Depotauszügen) steht – es sei denn, der Anleger realisiert ihn durch Verkauf.

Bullen: Optimistische Anleger, Gegenteil von *Bären*.

Burn-down-Rate: Geldvernichtungsrate, mit der ein Unternehmen seine Finanzmittel verzehrt, um den laufenden und defizitären Geschäftsbetrieb aufrechtzuerhalten.

Buy-Side: Käuferseite für Wertpapiere, also z. B. Privatanleger.

Call: Kaufoption, Begriff aus dem Optionsgeschäft. Bei steigenden Kursen steigt auch der Call. Gegensatz zum Call ist der *Put*.

Cap: Mit einem Cap kann man sich gegen steigende bzw. fallende Zinsen versichern. Versicherungsgeber ist der Verkäufer, Versicherungsnehmer der Käufer. Gegen Zahlung einer Prämie wird dem Cap-Käufer während der Laufzeit des Caps garantiert, dass die Zinsbelastung aus der variabel verzinslichen Verbindlichkeit eine festgelegte Zinsobergrenze *(Strike)* nicht übersteigt. Von fallenden Zinsen profitiert der Käufer ebenfalls. Steigen die Zinsen über die festgesetzte Zinsobergrenze, so ist der Cap-Verkäufer verpflichtet, die Mehrbelastung durch Zahlung an den Versicherungsnehmer auszugleichen. Das Gegenstück zum Cap ist der *Floor.*

Cashflow: Kennzahl, die etwas über den Liquiditätsüberschuss (Umsatzüberschuss, Finanzüberschuss) eines Unternehmens aussagt – nach Steuern. Hier spielen v. a. Jahresüberschuss, Rückstellungen und Abschreibungen eine wichtige Rolle. Der Cashflow hilft somit, ein Unternehmen u. a. nach seiner Investitionskraft, Vorsorge und Dividendenausschüttung zu beurteilen und damit die Aktien zu bewerten. Der Cashflow wird dem Jahresabschluss eines Unternehmens entnommen.

C-Dax: Das »C« ist hier die Abkürzung für »Composite« und beschreibt Aktienindizes einer bestimmten Branche. So umfasst z. B. der C-Dax-Elektro alle Aktien von amtlich notierten Unternehmen der

Elektrobranche. Der C-Dax-Gesamtindex fasst alle Branchenindizes zusammen.

Chart: Grafische Darstellung (Kurve) eines Kursverlaufs.

Clearing: Verrechnung von Forderungen und Verbindlichkeiten mit dem Ergebnis, dass nur die sich zugunsten oder zulasten eines jeden Teilnehmers ergebenden Salden gutgeschrieben bzw. belastet werden.

Collar: Kombination aus dem Kauf von *Cap* und Verkauf von *Floor.*

Cost-Average-Effekt: Durchschnittskosten-Effekt, der sich z. B. bei einer Anlage in Investmentfonds-Sparplänen unter Einzahlung fester Beträge auswirkt. In schlechten Börsenzeiten werden wegen des niedrigeren Kurses mehr Anteile erworben, in guten Börsenzeiten dagegen weniger. Auf lange Sicht ist der Kaufdurchschnittskurs deshalb niedriger als die ausschließliche Anlage in Hochphasen.

Courtage: Provision, die ein *Broker* für die Vermittlung von Börsengeschäften erhält.

Crash: Plötzlicher starker Kurseinbruch an der Börse mit anhaltender Abwärtsentwicklung.

Dax: Deutscher Aktienindex, der als so genannter Performance-Index Auskunft über Kurs- und Ertragsverlauf der 30 wichtigsten Aktien in Deutschland entsprechend ihrer kapitalmäßigen Gewichtung gibt. Die Zahl 1000 entspricht dem Jahresschlussstand von 1987. In der Praxis nimmt der Index einen Anleger an, der am 31. 12. 1987 einen Betrag von rund 500 Euro (oder damals genau

1000 DM) so in alle Aktientitel investiert hat, wie sie im Dax gewichtsmäßig zusammengesetzt sind. Der Dax zu einem bestimmten Zeitpunkt gibt den absoluten Euro-Wert an, den die Anlage seitdem angenommen hätte (inklusive aller wieder angelegten Erträge).

Depot: Ort, wo eine Bank für ihre Kunden Wertpapiere aufbewahrt und ggf. in deren Auftrag verwaltet. Man kann in diesem Zusammenhang von einem Wertpapierkonto sprechen. Die Wertpapiere eines Kunden können gesondert (Streifbanddepot) oder bei einer Wertpapiersammelbank (Girosammeldepot) aufbewahrt werden. Stets sind die Kundendepots jedoch getrennt von den Eigenbeständen der Bank zu halten.

Derivate: Finanzgeschäfte, die aus anderen Geschäften »abgeleitet« sind. Dazu gehören z. B. alle Formen von Termingeschäften wie *Optionen*, *Futures*, *Swaps*. Bei diesen Geschäften wird der Handel zwar zu festgelegten Konditionen abgeschlossen, Leistung und Gegenleistung erfolgen jedoch zu einem späteren Zeitpunkt.

Designated Sponsor: Neuer Begriff für Betreuer, Banken oder Finanzdienstleister an der Börse, die verbindliche Kauf- und Verkaufsangebote für einen bestimmten Wert in das Orderbuch stellen und damit die Handelbarkeit des Werts steigern.

Dividende: Ausschüttung des Unternehmensgewinns an die Aktionäre. Bildet zusammen mit dem Kursgewinn die *Rendite*. Wird jedes Jahr neu festgesetzt (auf Aktionärs-Hauptversammlungen), kann bei schlechten Geschäften auch ausfallen.

Dow Jones: Dieser erste und bekannteste Aktienindex wurde 1884 vom amerikanischen Verlagshaus Dow Jones entwickelt, seine korrekte Bezeichnung lautet Dow Jones Industrial Average (DJIA). Er umfasst die 30 wichtigsten Titel auf dem amerikanischen Aktienmarkt und berücksichtigt im Gegensatz zum *Dax* (Performance-Index mit Berücksichtigung von Erträgen) ausschließlich die Kurse.

Ebita: Abkürzung für »Earnings before interests, taxes and amortisation« – das ist der Unternehmensgewinn vor Zinsen, Steuern und Goodwill-Abschreibungen, hinter denen sich z. B. Aufpreise für Aktien beim Kauf fremder Unternehmen verbergen. Beim *Ebitda* wird der Gewinn außerdem noch vor Abschreibungen auf Sachanlagen ermittelt, beim *Ebitdaso* wird der Gewinn zusätzlich ohne Kosten der Aktien-Optionen für Mitarbeiter angegeben.

Effekten: Alle an der Börse handelbaren Wertpapiere.

Effektivverzinsung: Tatsächliche Verzinsung eines Kapitals, siehe auch *Rendite*.

Emission: Ausgabe, öffentlicher Verkauf von Wertpapieren, die Anlegern zum Emissionskurs angeboten werden.

Emissionskurs: Ausgabekurs, zu dem der *Emittent* neu aufgelegte Wertpapiere zum Kauf anbietet.

Emittent: Herausgeber von Wertpapieren.

Equity: Englischer Begriff für Anteile an einer Gesellschaft, insbesondere für Aktien.

Exercise Price: Ausübungspreis, Basispreis, zu dem ein *Optionsschein* bezogen werden kann, bzw. auf dessen

Basis der auszuzahlende Differenzbetrag berechnet wird.

Floater: Floating Rate Notes (FRN) sind Schuldverschreibungen mit variablem Zins, der etwa alle sechs Monate an die Geldmarktverhältnisse angepasst wird. Die Laufzeit beträgt fünf bis zehn Jahre.

Floor: Der Zinsfloor ist das Gegenstück zum *Cap*.

Fonds: Unter besonderer Verwaltung stehendes Finanzvermögen, siehe auch *Investmentfonds*.

Free Float: Der Anteil der Aktien einer Aktiengesellschaft, die nicht in festem Besitz z. B. eines Großinvestors sind – gemessen an der Gesamtzahl der ausgegebenen Aktien.

Fungibilität: Veräußerbarkeit einer Anlage, die entscheidenden Einfluss auf die Liquidität hat. Wertpapiere, die zum Börsenhandel zugelassen sind, haben normalerweise eine höhere Fungibilität als nicht standardisierte Anlagen.

Futures: Standardisierte Terminkontrakte (hinsichtlich Menge, Qualität und Liefertermin), bei welchen zu einem bestimmten zukünftigen Zeitpunkt ein dem Geld- und Kapital-, Edelmetall- oder Devisenmarkt zugehöriges Handelsobjekt zum börsenmäßig festgesetzten Kurs zu liefern bzw. abzunehmen ist. Nicht selten fallen bei solchen Kontrakten Ausgleichszahlungen an, um die bestehende Verpflichtung zu erfüllen.

Geldkurs: Gegensatz zu *Briefkurs*, siehe dort.

Genussschein: Wertpapier, das Vermögensrechte an einer Gesellschaft gewährt, z. B. Gewinnanteile.

Going-public: Börsengang einer Aktiengesellschaft (AG) und Ausgabe von Aktien, die bisher nicht an einer Börse notiert waren.

Greenshoe: Mehrzuteilungsreserve an Aktien bei *Neuemissionen.*

Grundkapital: Kapital, das in der Satzung einer Aktiengesellschaft festgesetzt wird und in dessen Höhe die Aktien ausgegeben werden.

Hauptversammlung: Versammlung aller Aktionäre, die mindestens einmal jährlich abzuhalten ist. Hier werden z. B. Vorstand und Aufsichtsrat entlastet, also ihre Entscheidungen im Nachhinein von den Eigentümern (Aktionären) genehmigt, Beschlüsse über die Verwendung des Gewinns und Änderungen der Satzung gefasst und der Aufsichtsrat gewählt.

Hausse: Deutliche Kurssteigerungen an der Börse über einen längeren Zeitraum.

Hedge Fonds: Mit Hilfe von Fremdkapital legen diese Fonds ein Vielfaches ihres Eigenkapitals z. B. in Devisen, festverzinslichen Wertpapieren, Aktien oder Rohstoffen an.

Hedging: *Portfolios* werden gegen Preisrisiken abgesichert, z. B. durch *Futures, Swaps* oder *Optionen (Derivate).*

Heritage-Stocks: Meist Standardwerte mit hohen Wachstumsraten, die sich ausgezeichnet für langfristige Anlagen eignen.

High-Yield-Bonds: *Anleihen* von Unternehmen und Staaten, die auf Grund ihrer besonderen Risikostruktur deutlich über den *Renditen* des Marktdurchschnitts liegen.

Index: Kennzahl, mit deren Hilfe Veränderungen wichtiger Daten (z. B. Kurse und Erträge) ausgedrückt werden. Oft wird dazu der Wert eines Kurses zu einem bestimmten Zeitpunkt als Bezugsgröße genommen und z. B. gleich Hundert (wie beim TOPIX, Tokio Stock Price Index) oder Tausend (Dax) gesetzt, der jeweils neu errechnete Wert steht dazu im Verhältnis.

Inhaberaktie: Ohne weiteres übertrag- und handelbare Aktie ohne Namensangabe des Besitzers. Gegensatz: *Namensaktie*, die nur die Ansprüche des namentlich genannten Aktionärs verbrieft.

Initial Margin: Sicherheitsleistung, die bei der Aufnahme eines *Future*-Geschäfts zu hinterlegen ist.

Insider: Personen, die auf Grund ihrer Stellung einen Informationsvorsprung gegenüber dem normalen Anleger bei Börsengeschäften haben (z. B. leitende Mitarbeiter von Unternehmen). Es ist bei Strafe verboten, diese Informationen zum eigenen Vorteil auszunutzen.

Investmentbank: Hauptsächlich auf Emissions- und Wertpapiergeschäfte spezialisierte Finanzinstitute.

Investmentfonds: Gemeinsames Vermögen vieler Anleger, das von einer Kapitalanlagegesellschaft (KAG) treuhänderisch verwaltet wird. Sie investiert das Geld ihrer Anleger in Aktien, Renten oder Immobilien. Entsprechend spricht man von Aktien-, Renten- oder Immobilienfonds. Der Anleger erhält Anteile (Investmentzertifikate) dieser Fonds und ist damit am Ertrag beteiligt. Die Vorschriften beispielsweise über Organisation, Beschaffenheit des *Portfolios* und Steuerbehandlung der

Investmentgesellschaften sind im KAGG (Gesetz über Kapitalanlagegesellschaften) geregelt. Die Gesellschaften selbst unterliegen in Deutschland der Kontrolle durch das BAK (Bundesaufsichtsamt für das Kreditwesen).

Investmentzertifikat: Wie eine Aktie einen Anteil an einer Aktiengesellschaft verbrieft, dokumentieren Investmentzertifikate einen Anteil am Vermögen eines *Investmentfonds*.

IPO: Initial Public Offering, erstes öffentliches Angebot, bei dem Aktien eines Unternehmens interessierten Anlegern zum Kauf angeboten werden.

IT: Abkürzung für Informations-Technologie.

iX: Kürzel für International Exchange, wie sich der aus Zusammenschluss von Londoner und Frankfurter Börse entstandene Wertpapierhandelsplatz seit Frühsommer 2000 nennt.

Jahresabschluss: Zum Jahresabschluss gehören Bilanz sowie Gewinn- und Verlustoffenlegung eines Unternehmens. Dies erledigt bei einer Aktiengesellschaft normalerweise der Vorstand unter Kontrolle des Aufsichtsrates und eines staatlich vereidigten Wirtschaftsprüfers.

Junk Bonds: Wörtlich mit »Ramsch-Anleihe« zu übersetzen, weil Schuldner dieser Wertpapiere sich in wirtschaftlichen Schwierigkeiten befinden. Als Ausgleich wird dem Anleger eine wesentlich höhere *Rendite* als bei sichereren *Anleihen* mit hoher Bonität (z. B. Bundesanleihen) versprochen.

Kapitalmarktzins: Durchschnittliche Effektivverzinsung längerfristiger Schuldverschreibungen und anderer Kapitalmarktpapiere.

Kassakurs: Einheitskurs, der nur einmal in jeder Börsensitzung, für gewöhnlich um 12.00 Uhr bestimmt wird.

Kupon: Zur Aktie gehörendes Wertpapier (Dividendenschein), auf dessen Vorlage die *Dividende* gezahlt wird.

Kurs-Gewinn-Verhältnis (KGV): Gibt an, ob der Kaufpreis einer Aktie im Verhältnis zu Dividendenzahlungen billig (niedriges KGV) oder teuer (hohes KGV) ist.

Kurswert: Jeweiliger Börsenpreis eines Wertpapiers, der sich aus Angebot und Nachfrage ergibt.

Lead-Manager: Konsortialführer, der bei *Emissionen* in engem Kontakt zum *Emittenten* steht und für das Konsortium aller beteiligten Geldinstitute zentrale Arbeiten im Zusammenhang mit der Emission übernimmt.

Leverage-Effekt: Hebelwirkung, die im Optionsgeschäft das Verhältnis zwischen der größten prozentualen Kursänderung einer *Option* zur prozentualen Kursänderung des zugrunde liegenden Basiswertes bezeichnet. Die Hebelwirkung kann nicht kleiner als 1 sein, die Folge: Bei Optionsgeschäften ist der absolute Gewinn/Verlust bei gleichen Anlagebeträgen immer größer als das Aktiengeschäft selbst.

Limit Order: Preisangabe bei Kauf- oder Verkaufsaufträgen des Kunden, der damit festlegen kann, was er beim Kauf maximal ausgeben und beim Verkauf mindestens erlösen will. Wird das Limit von den Kursen nicht erreicht, kommt die *Order* nicht zur Ausführung. Gilt meist bis Monatsultimo weiter.

Long Position: Käufer rechnet mit steigenden Kursen und erwirbt bei *Optionen* darum z. B. *Calls*.

Management Buyout (MBO): Übernahme eines Unternehmens durch die bereits im Unternehmen tätigen Manager.

M-Dax: Die nach den 30 Dax-Werten weiteren 70 umsatzstärksten Aktienwerte.

Mergers & Acquisitions: Vermittlung von Käufen und Verkäufen von Unternehmen oder Unternehmensteilen.

Midcaps: Aktien von Unternehmen mit einer mittelgroßen Marktkapitalisierung.

Mortage Backed Securities: Durch Hypothekenforderungen gedeckte Wertpapiere.

Nach- und Vorbörse: Wertpapierhandel vor bzw. nach der Eröffnung des offiziellen Börsenhandels.

Naked Warrants: *Optionsscheine*, die ohne gleichzeitige Emission einer *Optionsanleihe* begeben werden. Dabei können es sowohl Call- als auch Put-Optionsscheine sein. Naked Warrants werden vor allem von Banken und Wertpapierhandelshäusern emittiert, sie stehen nicht im Zusammenhang mit Finanzierungsvorhaben von Unternehmen. Statt der Abnahme/Lieferung des Basiswertes gibt es bei Naked Warrants häufig einen Barausgleich. Covered Warrants sind eine Untergruppe der Naked Warrants.

Namensaktie: Eine auf den Namen des Inhabers ausgestellte Aktie. Die Eigentümer werden in das Aktienbuch der betreffenden Gesellschaft eingetragen und bei Verkauf der Aktie wieder gelöscht. Nur die namentlich genannten Aktionäre können ihre Rechte geltend machen. Auf diese Weise bleibt kontrollierbar, wer sich an der Gesellschaft beteiligt. Dadurch zum Teil erkennbar, ob ungewollte Mehrheiten entstehen. Der Handel mit Namensaktien ist umständlicher als der mit *Inhaberaktien*.

Nasdaq: New Yorker Technologiebörse.

Nebenwerte: Aktien von kleineren Unternehmen oder solchen, die neu an die Börse gegangen sind.

Nennwert, nennwertlos: Bei Aktien mit Nennwert (z. B. 5 Euro) ist dies der Anteil am Grundkapital, mit dem der Inhaber einer Aktie daran beteiligt ist. Nennwertlose Aktien (Quotenaktien) weisen die Beteiligung nicht mit einem bestimmten Betrag, sondern als einen bestimmten Bruchteil des Grundkapitals einer Aktiengesellschaft aus. Echter Wert der Aktie ist jedoch der Marktwert bzw. Börsenkurs, der von Angebot und Nachfrage, von Gewinnaussichten der Gesellschaft und der gesamtwirtschaftlichen Entwicklung abhängt. Dementsprechend liegt der tatsächliche Börsenkurs der Aktie bei gesunden Unternehmen immer höher als ihr Nenn- oder Stückwert.

Neuemission: Siehe *Emission*. Ein Unternehmen, das bis dahin noch nicht an der Börse notiert wurde, gibt erstmals Aktien aus. Normalerweise wird die Neuemission im Zusammenwirken des Unternehmens mit einem Bankenkonsortium bewerkstelligt. Der Anleger erhält während der so genannten Zeichnungsfrist Gelegenheit, die Aktie zu erwerben.

Nikkei: Index der Börse Tokio.

Nonvaleurs: Bezeichnung für wertlose oder wertlos erscheinende *Effekten*.

Notierung: Feststellung und Veröffentlichung der ermittelten amtlichen Kurse

NYSE: Abkürzung für New York Stock Exchange, Börse an der Wallstreet.

Offshore-Funds: *Investmentfonds*, die aus steuerlichen Gründen oder um den Aufsichtsbestimmungen zu entgehen ihren Sitz in Ländern ohne spezielle Investmentgesetzgebung begründen. Zu diesen Ländern zählen beispielsweise Bahamas und Liechtenstein.

Option/Optionsschein: Verpflichtung bzw. Recht, zu einem vorher festgelegten Kurs und Zeitpunkt ein Wertpapier oder eine Ware kaufen oder verkaufen zu dürfen oder zu müssen, siehe dazu auch bei *Future* und *Call*.

Optionsanleihe: Anleihe mit Zusatzrechten; Schuldverschreibung eines *Emittenten* mit einem befristeten Bezugsrecht auf Aktien, wobei das Schuldverhältnis auch nach der Ausübung des Bezugsrechts weiterbesteht.

Order: Jeder Auftrag für Kauf oder Verkauf von Wertpapieren, siehe auch *Limit Order*.

Outperformer: Wert oder Unternehmen, von dem eine überdurchschnittlich gute Entwicklung erwartet wird, Gegenteil von *Underperformer*.

Over the Counter (OTC): »Über den Schalter« werden Geschäfte in Finanztiteln bezeichnet, die außerhalb der Börse, vorwiegend zwischen Banken, gehandelt werden.

Pensionsgeschäft: Verkauf von Wertpapieren oder Forderungen mit der Verpflichtung zum Rückkauf zu einem im Voraus vereinbarten Preis und Termin.

Performance: Entwicklung einer Anlage unter Berücksichtigung von Kursgewinnen und Ausschüttungen (*Dividenden*).

Portfolio, Portefeuille: Gesamte Anlagen eines Investors, die sich aus verschiedenen Anlageobjekten (Assets) zusammensetzen können.

Portfolio Management: Steuerung der Zusammensetzung von Wertpapierdepots, im weitesten Sinn die Vermögensverwaltung.

Posten: Wertpapiere bzw. Anlageobjekte (Assets) von ein und derselben Art. Ein Depot oder *Portfolio* setzt sich meistens aus verschiedenen Posten zusammen.

Prospekt: Bericht, der die für die Beurteilung eines Wertpapiers wesentlichen Angaben enthält und vor der Börseneinführung des Wertpapiers zu veröffentlichen ist.

Put: Verkaufsoption mit dem Recht, in der Zukunft pro *Option* eine bestimmte Menge eines Finanzobjektes – auch Underlying oder Basisgut genannt – zu einem beim Kauf festgelegten Preis, dem so genannten Basispreis, zu verkaufen. Dafür erhält der Verkäufer der Option ein Entgelt, die Optionsprämie.

Quant Funds: Aus den USA stammender Begriff für Aktienspezialitätenfonds, deren Manager mit Hilfe spezieller Analyseverfahren einen Marktindex schlagen wollen.

Q-Zahlen oder Q-Ergebnisse: Abkürzung für Quartal, die »Q1-Ergebnisse« eines Unternehmens meinen, also die des ersten Quartals eines Jahres.

Ranking: Reihenfolge.

Rating: Bonitätsbewertung hinsichtlich des Risikos in Wertpapieranlagen. Die bekanntesten Agenturen, die solche Einschätzungen vornehmen, sind Moody's und Standard & Poor's (S&P).

Rendite: Jährlicher Ertrag eines Wertpapiers, angegeben in Prozent des Kaufpreises, unter Einbeziehung aller relevanten Faktoren (*Dividende*, Laufzeit, Kurs usw.).

Renten: siehe *Anleihe*.

Rentenpapier: siehe *Anleihe*.

Repartierung: Zuteilung, Rationierung; Recht des Maklers, vorliegende Aufträge im Börsenhandel nur prozentual zu bedienen.

Same-Day-Settlement (SDS): Abwicklungszyklus im elektronischen Wertpapierhandel, wobei noch am Tag der Auftragserteilung eine Stücke- und Geldregulierung erfolgt.

SEC: Securities and Exchange Commission, oberste Wertpapier- und Börsenkommission der USA. 1934 gegründet, beaufsichtigt die SEC den gesamten Wertpapiermarkt, ist außerdem mit Sanktionsbefugnissen ausgestattet.

Sell-Side: Verkäuferseite von Wertpapieren, z. B. Investmentbanken oder Unternehmen.

Shareholder Value: Amerikanischer Begriff für die Wert- bzw. Profitsteigerung zugunsten der Inhaber, Aktionäre (englisch: Shareholder). Erfunden wurde der

Begriff von dem amerikanischen Wirtschaftsprofessor Alfred Rappaport, der in seinem 1986 erschienenen Buch mit dem gleichnamigen Titel die Selbstversorgungsmentalität der Manager anprangerte und sie aufrief, in erster Linie an den Profit der Anteilseigner zu denken.

Short Position: Käufer rechnet mit fallenden Kursen und erwirbt bei *Optionen* darum z. B. *Puts*.

Small Caps: Mit Small Caps werden am Kapitalmarkt Unternehmen bezeichnet, die einen Jahresumsatz von knapp 3,5 Millionen bis zu 2,5 Milliarden Euro aufweisen und zwischen sieben und 12 700 Mitarbeiter beschäftigen.

Spekulationsfrist: Zeitraum, innerhalb der der Ertrag aus Wertpapierkauf und -verkauf versteuert werden muss. Nach dieser Frist (in Deutschland ein Jahr) bleibt der Gewinn ganz oder teilweise steuerfrei.

Spezialwerte: Aktien bestimmter Branchen, z. B. Transport und Maschinenbau.

Spin-off: Ein Unternehmensteil wird durch Ausgliederung abgespalten (wie z. B. Infineon von Siemens oder T-Online von der Deutschen Telekom).

Splitting: Wichtiges Instrument zur Steuerung des Aktienkurses, um z. B. die Aktie bei Kurs-Höhenflügen auch für Normalanleger attraktiv zu halten. Ein Splitting von zwei zu eins würde also bedeuten, dass statt 10 000 alter Aktien zu einem *Nennwert* von 100 Dollar (entspräche einem Grundkapital von 1 000 000 Dollar) 20 000 neue Aktien zu einem Nennwert von 50 Dollar auf dem Markt sind.

Spot Price: Aktueller (Tages-)Kurs eines Wertpapiers oder Rohstoffs.

Spread: Beschreibt als Spanne z. B. die Differenz zwischen zwei Zinssätzen, zwischen An- und Verkaufspreisen, das Prämiengeschäft im US-Wertpapierhandel, den Aufschlag auf einen bestimmten Zinssatz, die Kombinationen von bestimmten Termin- bzw. Optionsgeschäften.

Squeeze-out: Begriff für die Möglichkeit, einen sehr kleinen Rest von Aktionären mittels Barabfindung aus der Gesellschaft herauszudrängen.

Stagflation: Aus den Begriffen *Stagnation* und Inflation zusammengesetztes Wort zur Kennzeichnung eines gesamtwirtschaftlichen Zustandes, in dem Preissteigerungen zeitlich mit der *Stagnation* der gesamtwirtschaftlichen Produktion zusammentreffen.

Stagnation: Konjunkturphase, in der das Wachstum des realen Bruttosozialprodukts zum Stillstand gekommen oder sogar rückläufig ist.

Stammaktie: Mit *Stimmrecht* verbundene Aktie.

Standard & Poor's 500: US-Aktienindex, der mehr Werte als der Dow Jones berücksichtigt und wegen des umfassenderen Überblicks zum Kursgeschehen von zahlreichen Anlegern bevorzugt wird.

Standardwerte: Aktien, die hohen Umsatz und breite Streuung aufweisen und z. B. in Deutschland vom Dax, in den USA vom Dow Jones erfasst werden, siehe auch *Blue Chips*.

Stimmrecht: Mit ihm nimmt der Inhaber von *Stammaktien* auf der *Hauptversammlung* Einfluss auf die zu fassenden Beschlüsse. Die Anzahl der Stimmen hängt von der Zahl der in der Hand des Aktionärs befindlichen Aktien ab. Das Stimmrecht ist übertragbar.

Stock: Im angelsächsischen Sprachraum Bezeichnung für Aktie. Inhaber von Aktien heißen dementsprechend »Stock-« oder »Shareholders«.

Stock-Opions-Plan: Beteiligungsmodell, das z. B. dem Management eines Unternehmens die Option einräumt, Aktien der Gesellschaft zu Vorzugskonditionen zu erwerben.

Strike Price: Basispreis, Ausübungspreis im Optionsgeschäft.

Strike: siehe *Cap*.

Swaps: Tauschtransaktionen, eine Alternative zu direkten Finanzierungen (*Anleihe*, Festsatzkredit) an den internationalen Finanzierungsmärkten.

Tafelgeschäft: Wertpapiere (effektive Stücke) werden direkt am Bankschalter erworben und vom Anleger selbst verwahrt.

Talon: Erneuerungsschein. Wird bei der Ausgabe einer Aktie zusammen mit den Dividendenscheinen (Kupons) des Bogens ausgehändigt. Berechtigt zum Bezug neuer Kupons.

Taxe: Kursschätzung, wenn wegen fehlender Marktbewegung kein Kurs ermittelt werden konnte.

T-Bill: Treasury-Bills, kurzfristige Wechsel, mit denen sich die US-Regierung verschuldet. Die Scheine werden abgezinst (diskontiert) verkauft und zum Ende der Laufzeit zum *Nennwert* zurückgekauft.

Telefonhandel: Wertpapierhandel, der außerhalb der Börse stattfindet und für den keine gesetzlichen Vorschriften oder Börsenzeiten gelten.

Termingeschäfte: Waren-, Devisen- und Effektengeschäfte, bei denen die Lieferung bzw. Abnahme und Bezahlung der gehandelten Werte nicht am Tage des Vertragsabschlusses, sondern an einem späteren, beim Geschäftsabschluss vereinbarten Zeitpunkt zum Abschluss fixierten Preis bzw. Kurs erfolgt. Siehe auch *Futures.*

Track Record: Leistungsnachweis, die bisherige Erfolgsbilanz zum Beispiel einer Bank, eines Vermögensverwalters, einer Konsortialabteilung.

Trading, traden: Aus dem angelsächsischen Raum für den Handel bzw. das Handeln mit Wertpapieren.

Tranche: Teilpaket einer Wertpapieremission. Bedeutet, dass nicht alle Aktien eines Unternehmens gleichzeitig zum Kauf angeboten werden, sondern in zwei oder mehreren Zeitabschnitten.

Ultimo: Letzter offizieller Börsentag im Monat, Quartal oder Jahr.

Underlying: Bezugswert, Basiswert oder Strike Price, häufig gebraucht im Optionshandel.

Underperformer: Wert oder Unternehmen, bei dem eine unterdurchschnittliche (schlechte) Entwicklung angenommen wird.

Underwriting: Die Konsortialmitglieder verpflichten sich gegenüber dem *Emittenten*, einen bestimmten Betrag bzw. einen bestimmten Anteil der Emission zu einem bestimmten Preis zu übernehmen und zu platzieren. Sie beteiligen sich also an der *Emission* und übernehmen einen bestimmten Teil selbst, falls nicht sämtliche Papiere vom Publikum gezeichnet werden.

US-GAAP: General Accepted Accounting Principles – amerikanische Normen für die Rechnungslegung von Unternehmen, wichtig auch für internationale Firmen, die ihre Aktien an der Wallstreet einführen wollen.

V-Dax: Abkürzung für Dax-Volatilitätsindex, siehe auch *Volatilität.*

Venture Capital: Wagniskapital; Beteiligungskapital für wachstumsträchtige, eher kleine und mittelständische Firmen, an deren Erfolg die Venture Capital-Gesellschaften mit ihrer Beteiligung profitieren wollen.

Volatilität: Kommt aus dem Italienischen und bedeutet so viel wie »Flatterhaftigkeit«. Die Volatilität (hoch oder niedrig) drückt das Ausmaß von Renditeschwankungen über einen bestimmten Zeitraum aus, ihre Berechnung basiert auf der Standardabweichung.

Vorzugsaktie: Aktien ohne Stimmrecht, jedoch mit anderweitigen Vorteilen wie z. B. Mindestdividende oder Nachzahlung bei ausgefallenen *Dividenden* etc.

Wandelanleihe: Schuldverschreibung eines *Emittenten* mit einem befristeten Bezugsrecht auf Aktien, wobei das Schuldverhältnis nach der Ausübung des Bezugsrechts erlischt. Wenn das Bezugsrecht nicht umgewandelt wird, besteht seitens des Erwerbers Anspruch auf Verzinsung und Rückzahlung zum Ende der Laufzeit.

Wandelobligation: Anleihe, die innerhalb festgelegter Frist zu festen Bedingungen gegen eine Aktie des Unternehmens getauscht werden kann.

Wiederanlage: Erträge z. B. aus *Investmentfonds* werden nicht ausgeschüttet, sondern verbleiben im Fonds

(Thesaurierung). Hier werden sie erneut in Vermögenswerte angelegt.

WKN: Wertpapier-Kennnummer zur schnellen Identifikation von Wertpapieren im Handel und bei der Kursabfrage.

Xetra: Steht für Exchange Electronic Trading, elektronisches Börsenhandelssystem.

Yield Curve: Zinsertragskurve, spiegelt die *Rendite* von Anleihen in Abhängigkeit von der Endfälligkeit wider.

Zeichnung: Kauf eines Wertpapiers im Rahmen einer Neuemission.

Zero-Bond: Anleihe, bei der der *Emittent* keine laufende Verzinsung ausschüttet, sondern dem Wert des Papiers hinzurechnet (kann steuerlich gut sein, weil Wertgewinn anders als Zinsen oft steuerfrei bleibt). Deshalb heißen diese Wertpapiere auch Null-Kupon-Anleihen oder Null-Prozenter. Der echte Zero-Bond ist eine Abzinsungsanleihe, d. h. vom Nominalbetrag wird ein Abschlag vorgenommen und das Wertpapier um diesen Abschlag verbilligt (diskontiert) verkauft. Am Ende der Laufzeit wird die Anleihe zum Nennwert zurückgegeben.

Register